Zhi　　Fu　　He　　Nian

知父何年

闵惠泉 ◎ 著

江西人民出版社
Jiangxi People's Publishing House
全国百佳出版单位

图书在版编目（CIP）数据

知父何年 / 闵惠泉著 . -- 南昌：江西人民出版社，
2018.12

ISBN 978-7-210-10692-0

Ⅰ . ①知…　Ⅱ . ①闵…　Ⅲ . ①闵嗣鹤（1913-1973）—
生平事迹　Ⅳ . ① K826.11

中国版本图书馆 CIP 数据核字（2018）第 177155 号

知父何年

闵惠泉　著

责任编辑：徐明德
书籍设计：同异文化传媒
出　　　版：江西人民出版社
发　　　行：各地新华书店
地　　　址：江西省南昌市三经路 47 号附 1 号
编辑部电话：0791-86898965
发行部电话：0791-86898801
邮　　　编：330006
网　　　址：www.jxpph.com
E-mail：gjzx999@126.com
2018 年 12 月第 1 版　2018 年 12 月第 1 次印刷
开　　　本：787×1092 毫米　1/16
印　　　张：16
字　　　数：230 千字
ISBN 978-7-210-10692-0
赣版权登字—01—2018—677
版权所有　侵权必究
定　　　价：39.50 元
承 印 厂：北京虎彩文化传播有限公司
赣人版图书凡属印刷、装订错误，请随时向承印厂调换

目　录

目　录

附录

01
触摸父辈的历史

　　临近 2013 年父亲的百年之祭，我突然从心底涌起了一股想触摸父辈历史的强烈欲望。我时而默默地在想，知父何年？一个人究竟在什么年龄与什么样的人生状态才想并可以了解和认识自己的父亲呢？

　　"树欲静而风不止，子欲养而亲不待。" 1973 年 10 月父亲闵嗣鹤去世时，我 20 岁。如果除去"上山下乡"的四五年、除去儿时不晓事理的几年、除去"文革"中父亲被隔离及在外地的时光，我们子女在父亲身边的时间十分有限。父亲成了一个既熟悉又陌生，既离得我们很近，又仿佛离得很远的亲人和家长。何况，那时一个二十岁的我，还远远未成熟到想了解并可以理解父辈的年龄。知父何年？其实这是颇感惭愧的吾辈发自内心的追问，尽管父亲是一个让家人感到骄傲和令人们尊敬的数学家。当然，父亲也是那个时代与历史的群体中的一个人、一个普通的学者。

　　父亲生在北京，我们几个孩子也出生在北京。但是，在我们很小的时候，父亲就一再提到我们的祖籍是江西奉新。子籍随父，至今在我的籍贯一栏填写的还是父亲当年告知的江西奉新。在我们幼小的心灵里，奉新一直是一个相当遥远、神秘与值得向往的地方。直到几十年之后的2007年有机会踏上江西的土地，我从南昌到奉新，再从县城坐上了下乡用的三轮电摩托车，几经颠簸终于进了村，才真正实现了圆梦般的奉新石下闵家的寻根之旅。

映入眼帘的是江南的水乡、江西的红土地，村前绿树成荫，一片开阔的稻田，远山近水，这就是祖辈的生息之地。我被带到的一块空地，据乡亲们说闵家祖上的房子已在抗战时期被日本飞机炸毁。如今，村里老旧房屋和完小斑驳的旧桌椅都在提醒着我：这里仍然是一个并没有真正脱贫的"革命老区"。

在城市化进程中，农村似乎已经空心化了，这里也不例外。青壮年几乎倾巢外出打工了，只剩下迎面走来的老弱、妇孺和残障者。闲来无事的村民在屋里围了里三层外三层，原来在打牌娱乐。

说真的，这次去祖上寻根，多少有些令人失望，有限的所见，给我留下的印象并不太好。唯有年龄大小不一的学龄儿童坐在破旧的教室里，那一双双明亮的眼神和村旁滚滚的南潦河水，让人仿佛看到了昨天的历史与明天的希望，而令人心动不已。

父亲去世时正值花甲之年，在吾辈当时眼中，父亲是那样的老成

01-01　石下闵家完小学生与南潦河

持重，虽身处"文革"仍不失教授的淡定与风采。几十年之后，自己已步入父亲当年般的年龄，却底气不足，总觉得在心智与心态上比父亲那一辈差得很远、很远。

写关于父亲的小书，是一个需要有兴趣、有时间和有能力的事。这是一件我20岁的时候不会写、无法写，40岁时无暇写，只有到了步入初老之年的时候才可能做的事。也许只有到此时，后知后觉、几近无欲无求，心如止水的我，才到了能够进一步理解父辈的过往、咀嚼和理解人生与历史的阶段。

原本想在父亲诞辰百周年完稿，写着、写着发现要把一个人物与历史尽量说清楚，说准确，真不是一件容易的事，有时为寻找一个新的线索或查证一个人物、史实或出处，甚至一个当时的用语、一个古字都要耗费多时。同时也越来越感到要还原一个逝去的人物，试图重返历史现场，有点像在荒野中考古、又像在恢复散落的智力拼图游戏，在寻觅中努力追溯着、弥合着、摆弄着一块块手中的碎片。

写作时间被不断地延长，倒也有好处。不再为赶某个时间节点而心绪不宁，有了某种类似欧洲人盖教堂，不着急慢慢来，何时盖好何时算的心态。当然，我不过是在父辈人生旅途上搭建一座座略知二三的路标而已。再就是可以不断地发现并纠正错误，在改进中，在大量书刊包括一些档案被数字化的条件下，还可能会不断发现新的、有意义的线索、资料与信息。以往个人与历史的痕迹在这个时代有可能会被越来越多地找到。福柯当年说的，"让所有那些文本的出现成为可能"，正在变成现实。

由此观之，个人与家族的历史、民族与国家的历史，不都有被不断丰富、修订甚至重写的可能？不过大妹爱泉不无幽默地对我说："文革"时"当年造反派要是像你这样发掘历史，遭罪的人得翻多少倍了。"

由于父亲当年自己写的绝大部分"交代材料"，在搬家时不经意地遗失；由于年幼时，父亲平时讲述的往事也未能多加留心；因此要还原父亲的足迹与本真，已经不太可能。父辈和亲友在时，往往不很在意他们的言语与他们的存在。特别是当一个人以自己或以学业、工作或小家庭为中心时，父辈和他们的故事与历史，往往在被关注的视野之外。当我到了有心追溯父辈与家族的历史时，身边许多亲友、长辈与历史的记录却已经消逝，这真令人追悔莫及。如今写下的《知父何年》，如果父亲能看到会说什么呢？逝者无言，我想象不出。

一个不懂数学的儿子，写一个数学家，多少有些奇葩。好在对于我来说，重要的是，他是一位父亲，是一个我想用心了解的父亲；好在我无力也无意对数学研究本身做任何议论。虽然主观上希望小书写得尽可能的真实、准确，却仍有一种在历史与人物中冒险的感觉，只能祭告求谅，希望父亲的在天之灵宽恕吧。

说来真是有些奇怪，当年父母亲对子女不经意说的有些话，几十年后却渐渐地、清晰地从大脑的记忆中被提取出来。看来，记住的东西，都是沉淀在生命中、潜意识中无法也不想忘却的东西。

小妹老五曾多次感慨：爸爸真是有福气，两个儿子一个学了理——数学，一个学了文——哲学。的确，老大尚可"子承父业"，追求卓越；老二则可像在他100多年前出生的曾祖父那样学着舞文弄墨、说点家事。人生与代际间的转成契合、机缘之妙，似乎在冥冥中已有定则。

不足百年的人生，谁能没有遗憾，
假如父亲不是独子，
假如父亲在海外学而不归，
假如父亲没有赶上历次运动特别是"文革"，
假如父亲的生命之路可以走得更远。
历史没有假如，一切在偶然与必然之间。
康德当年感慨人生苦短，人生刚刚在舞台上施展一下身手，就马上要退场。父亲心中有多少遗憾？不得而知。沧海一粟的人生，未名湖中的一滴水。在你眼前的父辈，你不一定就真正认识他，何况那时还太小。

　　在写回忆父亲的小书时，我发现，社会、历史与人生的丰富性、复杂性，使得一个人的际遇与其所是，超越了他自身的存在与边界，"内嵌于那些共同体的故事之中"，勾连着一个硕大的群体、一个时代。真可谓谁人不是大历史中的小人物，哪个小人物中不曾见到大历史？

　　父亲，父亲的父亲，父亲的父亲的父亲，在父亲人生的谱系中，闵家的历史可以追溯到父亲的爷爷、我的曾祖父，就从那个遥远的时代与故乡开始吧。

02 ·················
人杰地灵

在江西南昌偏西 70 多公里，有一个古老的县城——奉新，它曾是春秋时期越王勾践驻兵之地；它曾是南宋时岳飞屯兵并讨伐李成作战之地；它又是佛教"禅林清规"（又称"天下清规"）的发祥地，还是明崇祯年间《天工开物》作者、明代大科学家宋应星的故乡。这就是史上称为"名邑"、"望县"的奉新。奉新于公元前 154 年（汉景帝三年）开始命名为海昏县，公元 185 年（汉灵帝中平二年）改名新吴，公元 943 年（南唐保太元年）为表示"弃旧迎新"之意更名奉新。

奉新县域面积 1642 平方公里，三面环山，山地面积占到 70%。境内物产丰饶、植物种类繁多。山溪河港交织。有百丈山、华林山、越王山、陶仙岭、九云岭、晏嶂山、五梅岭等秀美的自然风景。南潦河是修水的最大支流，百丈山是其发源之一，南潦河又称奉新江，河面水宽，舟楫成群大小支流 60 多条，是奉新人的母亲河，自西向东纵贯奉新全境，缓缓流过。

在 1525 年（嘉庆四年）编纂的《奉新县志》序中就有这样的描述："奉新山川秀丽，风俗之淳朴，人物之俊良，户口之繁衍，财物之克实，与夫儒林梵宇（寺庙）之森立，仙源圣迹之灵异，南昌之属邑有八，而奉新不多让焉。"

奉新有十分深厚的文化底蕴，名胜古迹甚多。历史上不少帝王、官吏、文人墨客、高僧在这里驻足、游览或隐居。康熙元年（1662）版的《奉新县志舆地志风俗》中就有"庠校之士，勤经史而踵科名，闾里之学，习诗书而敦礼仪"之语。始创于南唐的书院，也是奉新的一大特色。历经五朝到清末废除书院时止，这个约占全省面积百分之一的奉新县，曾先后建有近50余所书院。奉新历代科举之风胜于邻县，考取功名者络绎不绝。其中胡氏家族传经几代，到宋代初年胡仲尧时华林书院已步入鼎盛之时，声名远播。"传经者已数代，肄业者常千人"，北宋大家周敦颐、苏东坡、黄庭坚、晏殊等70多位公卿名流都曾在此讲学题咏。南宋时期的理学大师朱熹不仅主持修复了白鹿洞书院，而且和陆九渊等在江西讲学论辩。著名的铅山鹅湖"理学与心学之辩"和在白鹿洞书院的"义利之辩"，都对中国哲学思想产生了深远的影响。江西成为宋元明时代理学发展的最重要的地区，确实不枉虚名。

元代奉新县令李兼为表达对周敦颐、苏东坡、黄庭坚的仰慕之情，曾建一祠堂，定名为"三贤书院"。明万历二十一年（1593）县令冯烶考虑到南宋杰出诗人、进士杨万里是江西本地人且在奉新做过知县，"有宾不可无主"，何况杨万里的"道德、节义、文章""而无愧三贤"，理应设祠堂，冯烶遂将"三贤书院"易地并改建为"四贤书院"。

值得一提的是，据邓洪波先生《中国书院史》"历代书院统计表"统计：中国自唐建立书院以来到明清达到高峰，但在书院的时空分布上，江西的书院数量达到1114家，列全国书院之首，比第二名的广东多188家，比浙江多359家，以至坊间有"江西书院甲天下"之说。江西的文化底蕴由此可见一斑，这的确是个挺有意思的现象。

奉新古代书院是奉新历史文化中的一朵奇葩，它从一个侧面凸显了奉新教育之发达、人才之兴盛，不愧为"文化之乡"的风貌。几百年间整个奉新出了160多名进士，文武举人数百人。仅从华林胡氏书院走出来的进士就有几十名，这些人中成为刺史、尚书、宰相的也不乏其人。乃至宋真宗曾赋诗称赞胡氏的华林书院道："一门三刺史、四代五尚书。他族未闻有，朕今止见胡。"父亲的祖辈就是在这片土地上生息成长。

03
晚清旧臣与戊戌变法

　　祖上闵荷生，字少窗，排行老二，生于 1848 年（道光二十八年）奉新北门外石下（石霞）人，娶熊氏为妻，后有继室许氏和刘氏。石下，这个依山傍水的小村落，在一百多年后的现今，也适于坐上小三轮摩托在颠簸的土路进村。

　　在中国古代以姓氏命名的许多村落一直沿用到现代。奉新的干州镇如今就有州上和石下两个闵家，可见闵姓在当地仍然是个大的姓氏。倒退一二百年，偏于一隅的石下虽不是穷乡僻壤，但希望摆脱出行不便、相对闭塞的农村，足以成为人们力图改变命运的动力。或许中国古代的科举制度，着实提供了平民百姓脱贫致富、上升的通道。"学而优则仕"、"万般皆下品，惟有读书高"、"书中自有黄金屋"，一千多年来不知有多少中国寻常百姓、学子，正是通过科举的激励作用，实现自己的精彩转身与"修身、齐家、治国、平天下"的理想，走上了更广阔的人生舞台。这和当下中国社会每年近千万赴入高考大军希望改变命运的学生，颇有异曲同工之妙。

　　史书记载，曾祖父其远祖，曾做过唐代几乎管辖两湖的潭州节度使、晋工部尚书。其先祖亦为宋代的进士做过工部尚书、屯田员外郎等。在石霞的基祖颇有道家的风骨，他是元代不求闻达的处士。先辈们的"学识"与"功名"，自然成了晚辈效法的榜样，曾祖父20多岁加入到求取功名的科举考试。1870年（同治九年）成为本省正科举人，1876年（光绪二年）会试贡士，他先后经过乡试、会试、殿试的层层筛选，终于在1877年（光绪三年）被朝取为丙子恩科三甲赐同进士出身，这一年是清德宗光绪登基后的第一次科举考试。当时几位考官在他考卷上的"朱批"是："吐属不凡、气清笔健、语意精卓、简洁名贵。"这个步入而立之年的年轻人命运和祖上一样由此改变。曾祖父是否也和当年到京城参加会试、殿试的奉新才俊一样，登上南潦河上的一叶扁舟，发舟北上，经奉新永修的鄱阳湖、彭泽县、湖口县进入长江水道，直至京口，然后沿京杭大运河继续北上，通过这条最为经济的水路最后达到京城，已不得而知。尽管，一朝中举可谓鹏程万里，但即便有鸿鹄之志，却生不逢时。如鸿雁高飞的曾祖父一步步走进的却是这个大厦将倾，即将改朝换代、灰飞烟灭的晚清京城。

曾祖父闵荷生曾出任过大名府（今河北大名）知府、户部广东司员外郎，户部主事，官及四品。1898年（光绪二十四年）他在京城宣南士子聚集之地，响应康有为等人发起的戊戌维新运动，康有为联名京城各地上千名举人"公车上书"光绪皇帝，力陈变革主张。受其影响，曾祖父作为江西省咨议局的两名议员之一，又在清末最后一榜秀才孙洪伊领衔"冒死以闻，伏乞代奏"的"国会代表请愿书"上签字，呈请朝廷皇上颁布议院法和选举法，召集国会实现"立宪"；并在当年八月初二日《胪陈天下大计折》中提出"变法自强首在择相"、"励将"、"备敌"和"固本"四项主张。曾祖父当时向光绪皇帝提交奏折，成为主张招张之洞进京力挽"艰危之时局"的人士之一。他在奏折云"救时良相，自古为难，张之洞不可谓非其选"。张之洞（1837-1909）字孝达，号香涛，有"香翁"之称。曾祖父出于对他的敬仰曾作山水扇面，落款有"时在光绪庚晨夏清和月为香翁六兄大人雅属并希正画荷生恩作"的文字。

1900 年（光绪二十六年）晚清重臣大学士王文韶等 8 人在"代奏主事闵荷生条陈"前写了这样一段话："闵荷生从时事艰危条陈自强十策，呈请代奏前来臣等公同阅看摺内尚无违悖字样，不敢壅於，上闻理合将原摺代陈伏乞皇太后、皇上圣鉴谨奏"。曾祖父向慈禧太后"再陈自强之策"，在他的心中"无复他志"，相信"宗社幸甚天下幸甚"。在《清末筹备立宪档案史料》（第二编）中有在 1906 年（光绪三十二年）"闵荷生建言官制不必多所更张呈"；在《戊戌变法档案史料·综合》（下）中收入了曾祖父两次亲自提交的奏折。

为挽救清朝于即倾，1906 年 9 月 1 日，迫于压力与无奈清廷颁发了《宣示预备立宪谕》，宣称必须"仿行宪政"。为感恩光绪的"圣谕"，曾祖父成为受议长之托起草陈谢折的四人之一。1907 年（光绪三十三年）8 月 13 日清政府诏令设资政院，一场"君主立宪政体的实验在中华大地酝酿并逐步展开"。在议员选举的诸多条件中，就有一条文官必须在七品以上，武官在五品以上。

在清末立宪热潮中地方及中央"咨议局""资政院"的出现可谓"人民与闻政权，担负地方责任之始"开了"民意代表参与中央政治之先河"。由民选和皇上钦选的议员有 200 名。议员分为六股，每股 32 或 33 人不等。曾祖父在 1909 年以过半数的 50 票当选为江西咨议局议员，后入选中央"资议院"作为江西 6 名议员之首为第二股（税法公债股）的副股员长，坐在御座对面的第六排，座位号是 127。灵光乍现的"资政院"及其常年会，实际上只开了一期，持续了将近一年，作为议员的曾祖父闵荷生，尚算活跃，先后插话、发言与提问有十次之多。然而，书生议兵、议政，其建策究竟又能具有多大实际作用呢？

1897 年在戊戌变法前，两代"帝师"翁同龢（1830—1904）在一则日记里有"司员闵荷生条陈，近于谬"之语。日记未谈及哪项条陈，但身居高位的翁同龢和曾祖父这类时任中下级官吏的视野、观念与谏言大概不能同日而语。

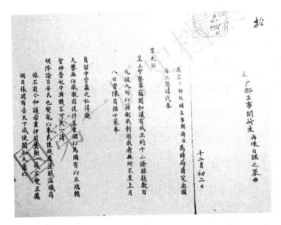

03-01　曾祖父1900年奏折（中国第一历史档案馆）

03-02　资政院辩论会书封见座位号

　　虽然康有为、梁启超发起的戊戌变法，令晚清希望割弊图新、锐意求治的志士们精神为之一振，但随着"抱大有为之志"的光绪被慈禧太后囚禁在中南海的瀛台，谭嗣同等"戊戌六君子"被斩首于京城宣武门菜市口，康有为、梁启超亡命日本。"百日维新"这种"知其不可而为之"的"历史上不朽的名剧，在北京则以'黄匣'、'朱谕'始，以'银刀'、'碧血'终"。但大清王朝也在变法浪潮、八国联军入京和义和团运动的内外打击与裹挟下气数殆尽。1911年10月，光绪和慈禧死后四年，清王朝就在辛亥革命奔涌的历史大潮中被推翻。

　　一批在戊戌变法时幻想救世、救主的遗臣，仍留恋君权帝制，1912年曾官至内阁学士、兼礼部侍郎的陈宝琛等三人起草了《中华帝国宪法（草案）》，严复和曾祖父闵荷生等七人一起为附议人。这部以《普鲁士宪法》和《大日本帝国宪法》为蓝本的宪法草案被称为中国"第一部宪法"，不过随着袁世凯的垮台，这部所谓的"宪法"则未成即败。而拥护君主立宪，摆出一副"士可杀，不可辱"、"辫可曉，不可剪"的一代清末遗老，这群不识时务的落伍者，不得不黯然退出历史舞台。

清朝有件事值得一提。乾隆四十一年（1776），乾隆皇帝在表彰忠臣的同时，曾下诏令国史馆修编《明季贰臣传》，明确将"望风归附"降清的明朝官员统称为"贰臣"。尽管效忠清朝有功的"贰臣"，被编入"贰臣传"中的甲编，以示有别于收入乙编的那些碌碌无为的"贰臣"。但"贰臣"人格的不完美即"大节有亏"，却成为必须记下的一笔。"贰臣传"在治史上可算乾隆的一个创新，其对朝野上下"以名节相高、廉耻相尚"不失为一种警示。看来，有"贰臣传"立此存照，或许对清朝的百官、学士，包括曾祖父都会产生不小的影响。

在民国二十三年（1934）《大名县志》中有这样一段记载："闵荷生字少窗江西翰林宣统二年由御史出守大名，性耿介，下车即考查中学、师范成绩，以求进步。时荒乱，创立团防局，严诘匪类。与士民接见，必勗以忠孝节义。民国初建，拍电辞云：稽古授时，不解阳历，忠君尊孔，不识总统，士各有志，伏祈鉴谅。遂弃官去"。"羁鸟恋旧林，池鱼思故渊"。曾祖父绝无向新朝示好之意，他的耿介拔俗之标与对自身名节和忠君不贰的默然独守由此可见。

从获知的若干史料及文字中，见到记述他在资政会上的"大声疾呼"，甚至不止一次的"咆哮无状"，一个耿介、激愤的曾祖父形象隐约可见。

曾祖父原配奉新熊氏家族中的熊公哲（1894-1990）对于年长他一辈的曾祖父印象颇深。他常以闵少公、闵少丈尊之。在《果庭文录》中就有《奉怀闵少丈北平二首》其中云：

> 远依北斗想苍颜，万里西风夜正漫。
>
> 十有九年持汉节，一生孤亮耿秦关。
>
> 雨漂帘幕燕归赵，秋到林园鹤共闻。
>
> 私议记闻自先子，巢由何必不沽山。

另一首中还有，"一翁万里八旬外 斗粟千钱十口家"之句。熊先生在这首诗中特别加了小注："庚子之乱，丈奔走，行在，至西安"，"宣统逊位，丈知大名府，辞官。旅居燕市十九年矣。其辞官电，卑府只知尊君，不解总统，只知所谓尧舜在上，下有巢由。盖直达世凯云。"

这里的文字与《大名县志》略有出入，但看来是知者之言。或许因为闵家和熊家有少丈之亲这一层关系，作为晚辈似乎了解和感受得更具体和深切。在这两首诗中传递出一些未知的信息，一是曾祖父在庚子之乱即义和团运动时曾随仓皇出走的慈禧和光绪等一队人马避难西安；二是对曾祖父隐居不仕，以及当时的年龄、居住的时间以及一家十口状况都有所交代。

在《清代官员履历档案全编》（第8卷）中亦有曾祖父闵荷生比较详细的记述。其中有光绪"二十七年（实为二十六年，笔者注）八月因随扈西安行在办理漕仓出力保奏赏加四品衔"的文字。可见当时西安成为皇上和朝廷临时行使政治职能之地，曾祖父作为一名操办仓储的官吏并受到奖赏。这便是熊公哲先生的小诗引出的一段考证。

有两件大事是祖上走向衰落的转折点：一是持续了近300年的清朝崩溃；二是在晚清到民国初南浔铁路筹资中股权交易的失败。

史料记录，清末江西全省铁路总公司开办于1904年，1904年10月江西京官李盛铎为首的111名江西籍京官联名向清政府商部呈请"为维护地方、自保权利""自行筹款"修筑本省境内的南浔铁路。1908年开工，1916年完工通车，全长128.35公里。由于"江西府库'异常支绌'无力自承"，为建南浔铁路曾先后借日债750万元，年息40万元。这一方面使江西人民"徒增巨债之负担"。另一方面日本借此"欲攫江西路权"。作为出自江西的官吏，为响应在京绅士之号召筹集筑资，救济南浔铁路的动议，祖父曾倾囊购买公债股票，支持救助筹款赎路之计划。后因卷入股东会复杂的纠纷及战乱等，结果"自输其资"，家中一箱股票成为废纸，家境也由此衰落。

民国初叶晚清进士孙雄（1866-1935），字师郑，在奉怀朱芷青太守丈一首诗中云："南城对峙灵光殿，同巷耆英闵与朱"诗中自加小注，八十三岁的朱芷青和八十有一的闵少窗太守荷生，"同居果子巷羊肉胡同。"在孙雄的诗文中曾有这样两句："生不逢辰偏蚤寿""生计艰难鬼亦贫"。几位前朝闲适的遗老像是在扎堆取暖，他们吟诗唱和、短咏排忧，是不是也和居住在京城江西会馆二十年的同乡杨昀谷（1860-1933）进士一样，身处"穷巷湫尘、破书塞屋、瓶粟屡罄、巾褐萧然"的窘境之中只能是一种推测了。

1930 年尚居天津日本租界静园，尊号已废的"末代皇帝"溥仪还在不断地在"行在降旨"频频召见旧臣。溥仪在天津七年，几乎每天相伴左右的有"保健医生"曾"常在南书房行走"的江西人萧丙炎、谋臣郑孝胥和陈宝琛。溥仪还不时彰显着他的"皇恩"，向前朝遗老授匾。当年 6 月，溥仪命交他的翰林老师，时近 70 岁的书法家江西人朱溢藩，带京转发他赏给曾祖父"桂籍耆英"的匾额。这个还想着做皇帝梦的溥仪，心中还没忘记和"末代帝师"朱溢藩同在京城居住、步入古稀之年的当年户部主事郎闵荷生等诸臣。不久，朱溢藩七十初度，亦收到溥仪特赐"黄绮宜年"的寿匾。

1937 年初刚过完 90 岁寿辰的曾祖父在北平去世，他的灵柩被临时放置在北京宣武门外的法源寺。曾祖父穿着一身胸前补子上绣有云雁的清朝四品文官朝服静静地躺在那里。晚年萧索的曾祖父，一个"朝服覆体"、"崇祀辫发"的晚清旧臣，一个带着"恋主哀愁"的一介书生，最终随着那个破灭的朝代一起走进了历史。

在京师即有诗名的清末"戊戌进士"、江西同乡杨昀谷与曾祖父多有诗歌唱和。当年杨昀谷赴任四川，曾祖父有《蜀游篇讯杨子》一篇其中云："嗟哉杨子诗才工，读书且莫心侯封。弟兄头白有交道，大名赖子扶衰翁。苦吟日夕岂无和，愿我月蚀追庐同。国西门边一杯酒，君心忍别燕山鸿。"而在杨昀谷的《怀人集》中则有《怀少窗》一首：

北客相逢说政声，到官文牍百回争。

久疑拙性乖流俗，不负清时守大名。

易代只今无上策，衰年何计得孤行。

鲁公书课能排日，忍对沧桑话帝京。

这或许是对曾祖父其人与那个时代的一种关切、解读与感愤吧？

04 习书的传承

　　卡西尔说："人是符号动物"，但在这个世界上或许没有哪一个国家或民族的文字符号的书写像汉字那样，有如此重要的工具性、功利性与审美性，没有哪一个国家或民族的文字符号的书写像汉字那样，与政治权力和官吏的选拔、升迁有如此密切的关联。"学在官府"、"字在官府"，中国自唐朝以"身、言、书、判"设科。熟知"四书五经"学会吟诗作赋，有上佳的字书便是不可或缺，"故一时之士无不习书"。到明、清时代科举制鼎盛时，逼使楷书的绝大多数写手都走向"馆阁体"。能写出一手规范好字的"场屋之书"，成了实现"学而优则仕"的"敲门砖"。

　　晚清进士，曾任过国务总理的熊希龄（1870-1937），当年就有来京参加殿试，因"书法欠佳"被张亨嘉（1847-1910）劝其回湘西老家"练习两年书法再行补考"，后又有"住在北京一个庙里读书练字"的经历。张亨嘉曾做过湖南学政，回京后任国子监司业和京师大学堂总监督，张亨嘉的爱才与科举考试中书写的重要，由此可见。

　　字要写得好，像模像样，绝非一时之功。在靠毛笔书写的时代，士子百官往往是自幼习书，"豪素在侧"。想来早年练就的"童子功"，不是半路出家者轻易可以比肩的。这就不难理解人们看到唐宋以至明、清的各级官吏为何大多书法不凡，尤其是例行公函文书的漂亮楷书，几乎是千手雷同，令人叹服。

父亲的毛笔字、钢笔字写得不错，我们子女已是耳闻目睹，但曾祖父字写得如何？只是在2014年偶然在网络上发现一幅他的临颜真卿《争座位帖》的"行书四屏"被上海涵古轩拍卖（2013，图346），才见得真容。看来，曾祖父在求取功名的仕途中，也是这浩浩荡荡的习书大军中的一员。见到曾祖父的这幅书法，一种睹物思人的感觉油然而生。可惜，由于"文革"，承载着个人与家族记忆的祖上手札、照片、家谱以及契书等全毁于一旦，不仅曾祖的字未曾见过，而且曾祖以及爷爷长什么模样？我幼儿时记忆中残存的那一点点对老照片的模糊印象，也随着岁月流逝变成了空白。直到2017年一个偶然的机会和远亲萧熙（字有敬）的后人联系上了，才知道曾祖的女儿闵淘章嫁给了刑部萧有敬之子萧大鹄，萧能懿提供的我曾祖的一张照片，曾一直挂在她家的墙上，并得以保存至今。

曾祖父这幅字写于1879年，正是而立之年，亦是取得进士三年之后。他是衣锦还乡？是例行公务？还是乞假回乡修墓？已不得而知。

这幅字即临于家乡江西鄱阳湖畔吴城山下的"望湖亭"，落款有子铨大人雅属之语，并有钤印"闵荷生印"（白文）和"少窗"（朱文）两枚。

吴城是江西历史上四大名镇之一，望湖亭则始建于晋，历史上屡有兴废。昔日苏轼、解缙、刘伯温、曾国藩等都在此留下墨迹。

04-01 曾祖闵荷生晚年

望湖庭有两幅长联，相传出自苏轼与唐伯虎之手。此山、此水、此亭见证与承载的历史由此可见一斑。

一联为：

战船列千乘便矣周郎观水阵　危亭经百刻岿然彭蠡听鱼歌

一联为：

地以人传　湖自周郎习战　苏子题词　仙吏将才　千古各成奇迹

天留我住　放教彭蠡风帆　匡庐瀑布　水光山色　一时都入壮观

　　文天祥，江西吉安人、南宋末大臣，杰出的政治家、文学家，他也有两首诗提到望湖亭，其中一首《被俘北归路过吴城》云：

凌云披雾望湖亭，屹立赣水修河滨。

历尽沧桑罹万劫，饱经风雨度千春。

此日登亭神气爽，百代名胜载酒兵。

六朝古迹招诗客，几忘囚服束吾身。

　　颜真卿的《争座位帖》，不论是就思想内涵还是书法艺术，都享有极高的地位，在历史上备受忠臣名士推崇。唐以降，苏轼、米芾、董其昌以及何绍基等都心摹手追过此帖。米芾在《书史》中评价说："此帖在颜最为杰思，想其忠义愤发，顿挫郁屈，意不在字，天真罄露。"清末直隶总督、北洋大臣，江西籍的陈夔龙临颜真卿的《争座位帖》并和六位名仕在帖上留下了"七家名公题跋"。

04-02　曾祖父闵荷生的书法作品

　　曾祖父是江西人，亦是望湖亭招来的诗客。他纸张铺展、笔墨行云的敬临书法大家颜真卿《争座位帖》的片段书赠"子铨大人"，大概是出于对忠烈名臣颜鲁公"才优匡国"、"坚贞一志"的人品、气节与令人叹为观止的行草书品的敬仰。

子铨大人是谁？这让笔者十分好奇，经多处所查证尚无定论。我猜想有可能是指晚清重要的思想家王韬（1828-1897）。王韬有才子之称，一生著述颇多，并游历过欧洲与日本。他是最早参加世博会的中国人，曾被林语堂先生誉为"中国新闻报纸之父"。王韬字号甚多，最常用的是"紫铨"，"子铨"亦是王韬的号之一。

王韬有多幅书法、信札传世，其中有他录的旧诗作书法一幅，被人放在网上拍卖，书法作品的落款是"己卯夏日自录拙诗 长洲王韬"。1879年恰逢己卯年，王韬有可能曾回过苏州吴县长洲的老家。曾祖父临书法赠子铨大人，落款也是"己卯年"，这一方面显示了对王韬其维新思想的认同和对其才华的敬仰；另一方面从时间上看两人相知、甚至相逢均有可能。联想到后来1882-1884年时任江西巡抚的潘蔚（潘伟如）曾邀请王韬主持幕务被王韬婉拒，这或许表明作为来自江西的曾祖父和他们两人会有信札的交集甚至相见之缘。

曾祖父所临的片段，确实也是"意不在字"。至于书法写得如何？是否"有名于世"？敬请方家评说了。不过直到曾祖父的晚年还时常在临写颜鲁公的字，足见对其人其字的喜爱。在中国的传统文化中"字如其人"、"书为心迹"，是一个被普遍接受的观念，在外国也有"笔迹学"通过书写对人作出判断。看来，书写这种与个体高度相关的、频繁的认知与实践活动，会在很大程度上反映书写者的情感、才华以及智慧，古今中外都有某种共识。但书写与个体人品与道德的高度相关性却没有得到充分的证明，在中国历史上像颜真卿那样"书格与人格统一"的大家并不多见。

"字在官府"，上至皇帝、下至百官，工于字书每日不辍的嗜好与审美，无形中起到了示范和导向的作用，并深深地影响着民间的书写与对字书的好恶与传承。

在数字化的键盘与手指触屏时代，毛笔的书写早已成为极少数人的消遣，大众一般的书写活动也明显整体退化了，乃至时下提笔忘字，几乎成了常态。尽管如此，在中国人的骨子里、基因里，对书法的喜爱与审美情结仍挥之不去。

民国初曾祖父已过花甲之年，父亲是他疼爱有加的唯一孙儿。在家赋闲的曾祖父以私塾的方式教化，为父亲打下了深厚的古文和毛笔字的书写基础。

吾辈这一代人字写得没有一个能和祖上及父辈相比。20 世纪 50 年代末我在上幼儿园时，就曾照着报纸上的宋体字抄写，方块字写得还算不错，凭这一手曾在北大附小写了几年黑板报，但毛笔字、钢笔字不论行楷，至今都令人汗颜。也许只有基因中对汉字、书法深深地喜爱，可以令祖上得到些许安慰。

05
家父四兄妹

　　我们的奶奶郑锦棠（郑金裳），是江西上饶人，当地有"信美之郡"之称。当年嫁给了曾祖父闵荷生的儿子闵持正。爷爷闵持正曾是民国初年京师警察厅的警佐，1916年（袁世凯洪宪元年）又是列入时任国务卿陆徵祥发布的叙官警佐的名单之中。此外，爷爷还是加入过"通俗教育研究会"的会员，并担任过讲演股调查干事。很难想象身体羸弱"长期患病"的爷爷穿着民国初年的警察服会是什么模样？

　　曾祖父和爷爷的这些经历并不光彩，加之爷爷早逝，这或许成为头戴一顶"封建官僚家庭"帽子的父亲在新中国成立后深为忌讳，且不愿意向儿女提及的原因之一。

　　在一个进士之家、读书世家，对教育、求学上进自然耳濡目染，奶奶或许受到深深的影响。在家赋闲年近70高龄的曾祖父尚有精力，传教长孙。他对父亲十分钟爱，竟不让他上小学，亲自教他识字读书，课以古籍，为父亲打下坚实的古文基础，并希望孙子能学文。由于持正爷爷身体和精神一直不好并过早去世，奶奶便更多地承担起了教育、督促子女的责任。奶奶对子女非常上心，特别是对科学与实业救国的理念看得极重。

　　中国人对数学教育重要性的认识始于鸦片战争失败之后。当时李鸿章的幕僚冯桂芬（1809-1874）在《采西学记》中云："算学、重学、视学、光学、化学等，皆得格物至理"而"一切西学皆从算学出，西人十岁外无人不学算，今欲采西学，自不可不学算"。

　　1887 年 3 月（光绪十三年）御史陈秀莹奏会议"算学取士事"。他认为，三角、几何、代数成为西学根本。建议将科举考试内容在四书五经之外另出算学题目，以算学列入科举取士，亦是奖励人才之一道。清朝大臣胡维德（1863-1933）即是以算学中式的举人，他早年历游欧美多国，做过驻俄、法公使和驻日钦使，出任过海牙国际裁判的中国委员，眼界颇为开阔。1910 年（宣统二年）胡维德先后历任外务部左右侍郎、外务大臣。1909 年 6 月他亲自为创刊的《数理化学会杂志》

05-01　胡维德照片

05-02　上海图书馆藏 1909 年刊影

写序,在这篇仅 240 余字的序文中胡维德感慨:"中国文敝久矣",应"救之以质,以求实为务",欧美鼓吹道艺者鲜有不和数学结合的。但"吾国之大乃寥寥不可指数"。直言日本创办数理化杂志者大势所趋。他对晚清学部计定数理化"实学"引入中学课本,甚为赞赏,慨言:莘莘学子得以覃精实业用志不分乃凝于神。如"广被内国承此",又当如何感奋兴起是西方?

"学会数理化,走遍天下都不怕"这句"名言"不知是源于何处、何时?出自谁人之口?不过,在清末、民初"数理化"作为重要学科已经进入师范学堂,学好"数理化"的意识逐渐深入国人之心。

奶奶一生育有一子三女,祖上那一辈经历改朝换代的大变局与人生跌宕起伏的现实,晚清小说《宦海》对官场波涛鬼蜮,"出门荆棘,跬步崎岖"抨击,致使父亲这一辈人认定"政治不是科学",集体缩身远离政治与权力。其实,在每一次社会剧变、翻云覆雨的政治环境中,失意、落魄的政治官吏及其儿女不都是大多纷纷远离险恶的官场生态,唯恐避之不及?

闵家四兄妹按数理化学科分布,亦不知是奶奶的决断,还是曾祖父的授意?于是四兄妹,父亲学了数学,二姑学了物理,大姑学了化学,三姑学了生物。看来,子女的路要靠有真才实学的个人自己打拼,

05-03　奶奶与四兄妹

已成共识。

　　大姑闵嗣桂 1938 年入西南联合大学化学系学习，她在上大学四年级时，经算学系主任杨武之先生推荐开始接替课程忙碌的王宪钟在算学系担任学生助理阅卷员，1942 年毕业后去了四川綦江铁矿，在那里结识了从云南大学毕业的殷之文。1944-1946 年大姑又应聘联大做了三年化学系的助教。抗战胜利后，1946 年大姑和殷之文结婚并一起乘船去美国留学，先后获密苏里大学物理化学硕士和伊利诺大学有机化学硕士。1950 年 8 月夫妇俩回到祖国，先落脚在河北唐山交通学校，后一同赴上海有机化学所、硅酸盐所，成为新中国材料学科的一代学术带头人和奠基人。大姑曾先后获得过国家科委颁发的创造发明奖、中科院科学成果二等奖，两次当选上海市"三八红旗手"。大姑父则在 1993 年，当选为中科院院士，1998 年，获得何梁何利科技进步奖。姑父的五弟殷震（殷之士）是动物病毒学和分子生物学专家，1995 年入选中国工程院院士。一家两院士，实不多见。

　　二姑闵嗣云 1936 年 9 月考入国立北京大学，是当年物理系招收的十名学生中唯一的女生。抗战时随北大去西南联合大学。1938 年和张

05-04　大姑和姑父在美国密苏里罗拉留学照

景昭、潘承懿一起考入物理系，是全班 49 名同学中仅有的四名女生之一。同学中有成为她夫君的张济舟，以及后来为北大教授、副校长的沈克琦，杨振宁则是比她高一班的同学。二姑非常聪明，当年考入时名列前茅，在大学里成绩优秀，颇有巾帼不让须眉之势。1942 年二姑在联大毕业后曾担任过助教，并在附中教过代数。有学生评价她讲课"深入浅出，循循善诱"。数学家万哲先院士曾回忆在西南联大时期的经历时就讲道，教过他的老师不仅有当时已经是知名的学者，如杨武之、任继愈等，也有当时大学毕业的佼佼者如教物理的汪瑈、闵嗣云。据杨振宁先生晚年对笔者讲，1938 年他考入联大化学系，先是与我大姑闵嗣桂同学，后转入物理学又与小他一级的二姑闵嗣云同系。可惜，二姑在 1947 年死于一次意外的车祸。二姑的早逝，令家人扼腕叹息，如其不死，家庭的历史也许就被改写。父亲比当时在西南联大就读的杨振宁年长近 10 岁，当年杨振宁在其父杨武之先生的办公室里时常见到家父，父亲给他留下的印象是不苟言笑，神情一脸严穆。

三姑闵嗣霓 1937 年在北平师大附中学习，1945 年 19 岁的三姑在西南联大化学系就读，抗战结束后成为和比她高一级学机械工程的曹树维等一批志愿入清华的学生，三姑以后改学了生物，并嫁给了同是清华大学机械工程学系的曹树维。

从 1938 年到 1945 年父亲出国前，兄妹四人和奶奶相依为命，一家人蜗居在西南联大。

大姑晚年曾对女儿殷华提起当年往事，那时有人向她半开玩笑地说："联大（理学院）都被你们闵家包了！"难怪有此"抱怨"，当时父亲在联大教数学、大姑和二姑毕业后留校做助教，一个教化学、一个教物理。三姑尚小才刚刚入学。大姑说此话时神情显得非常自豪。

抗战之前奶奶已守寡，在 20 世纪三四十年代来自一个家庭的四个儿女在家庭经济十分拮据，国家与大学处于极为特殊的历史与文化时空，同时聚集在云南昆明的西南联大这一所学校，并有不俗的表现，这在一所大学乃至中国现代高等教育史上也是非常罕见的。这的确也是奶奶最大的安慰与自豪。

06

幸遇恩师

父亲从小就特别喜欢数学，整天思索，时常有些心得。幼年在和邻居家正在上小学的孩子玩耍时，轻而易举地为他们解开了一道算术难题，令邻居们大为吃惊。从那以后，父亲开始了对算术的自学，他每天悄悄前往住在奉新北馆的掌馆人、会馆理事兼会计甘均道（仲陶）夫妇家中，自看课本，自己演算。甘先生早年是京师大学堂法学门的研究员，当年法学门的考试科目中就包括：数学中的代数、平面几何、平面三角。甘先生子女无双，长于计算，对父亲显露出的数学才能颇加赞赏，关照点拨甚多。一位来访者见到父亲对数学的痴迷和用心曾发出"有纸皆算数，无瓷不江西"的感叹。

父亲的同学、好友，著名数学教育家赵慈庚先生回忆道：1929年师大预科学生闵嗣鹤初露头角，有一个代数问题是："五对夫妇围坐一个圆桌，要男女相间而夫妇不相邻；问有多少种坐法？"闵君向傅先生请教，因为问题不在他的授课范围之内，过了几天才答复闵君，大概这时候，傅先生已经注意到嗣鹤用心精细，以后教他五年，确知这个学生颖悟。

1932 年家父年仅 19 岁，在数学系上二年级时就在傅种孙、范会国、赵希三（正义）老师的指导、校阅下完成《根式与代数数及代数函数》的论文在《师大月刊》1932 年第 3 期理学院专号上发表。三位老师除系主任傅先生外，范和赵两位先生都是最早留法的博士。

毕业前又发表了《函数方程解法举例》（《师大月刊》1935 年第 19 期）。父亲在刊物上写道：本篇之作，实在由于傅先生"那个题目的刺激，所以首先应当感谢傅先生"。

赵慈庚先生在为北平师大 1935 届毕业生写的"数学系班史"中历数同班的各位同学，在讲到家父时有这样一段话："超轶绝尘者，闵教授也，所识独多，名曰字典；见闻出众，号称博士。"诙谐中带着溢美之词。

20 世纪 30 年代的中国，是一个内忧外患的中国。但那时学校里的教书先生和莘莘学子却不失知识精英的风采。大学教授多为从海外归来的博士，或一身西装革履或身着长袍马褂，气度不凡。大学生仍显稚嫩的脸孔，在磨难中已带着几分刚毅与成熟。

06-01　师生毕业照同学照片，前排左二为父亲闵嗣鹤

06-02　《根式与代数数及代数函数》在《师大月刊》1933 年第三期理学院专号上发表

06-03　傅先生照

傅种孙（1889-1962），江西高安人，恩师，父亲是他在师大教过的学生，对父亲有培养、提携与举荐之恩。

在20世纪30年代师大附中是京城乃至全国最好的中学之一，老师是从师大最优秀的毕业生中遴选的。因此，对父亲来说能在附中担任教职，既是一种荣誉，也能缓解拮据的生活问题。1935年父亲在师大毕业，据赵慈庚先生回忆，当年傅先生为了父亲的前途着想，四处奔走，几经周折筹划父亲到附中教书事宜。傅先生亲自邀请师大教务长、数学系主任、附中主任一同去见校长，他动情地说："从我教书以来，没见过像闵嗣鹤这样的好学生，请求学校给他一条进修的道路，无论如何要把他留

06-04　1935届数学系毕业师生在南新华街校址合影，三排左四为家父

在附中，这也是鼓励学生读书振作校风的机会。"傅先生还说："附中教务主任韩桂丛先生慨然让出来四节课，希望学校批准，请闵君担任。"傅先生的请求最终得到校长认可，他曾慨言："我为母校称幸、为学术称幸，谨备一盏清酒，祝贺今天的盛事。"这四节课的教职，也成了父亲立业的基础。20岁出头、一脸稚气的父亲登上了师大附中的讲台，他的课受到学生们的欢迎。不过，下课铃响他走出教室，调皮的学生们追在他身后喊着"唉！小孩儿，小孩"。

还有一年时间接替学友赵慈庚在傅先生家做抄抄写写的工作，每月可得20元的润笔费，并兼附中算学丛刊编辑及私立中学的一些工作，一个大学毕业生，已经开始支撑起奉养老母和三个妹妹组成的五口之家。

作为傅先生的学生赵慈庚曾经说：傅先生为人倔强，多言招怨。然而，傅先生的"大德是刚直不阿"。祸从口出，1957年夏初傅先生在"鸣放"运动中对知识分子政策提出了尖锐批评。这篇未曾在正式刊物上发表的文章，使傅先生获不赦之罪。结果，这位师大副校长、1956年的全国劳动模范，旋即被打成"极右派"，并被免除了一切行政与学术职务。直到1961年得到"宽待"，在"文革"后才改正错案，得以平反。

1962年，父亲和赵慈庚曾专程去看傅先生。赵慈庚先生说：傅先生摘帽后，心情大好，不过从言谈话语里可见，傅先生对当年的"运动"及一些做法仍然是非常不满，怒气未消。没想到说话声音渐高的傅先生突然双手按住太阳穴，犯病不治几天后就离开了。日后父亲和赵先生都有几分自责。他讲："嗣鹤和我本想舒缓他的激动，反而断送了他的余辉。"而父亲在傅先生犯病的当日神色慌张地回家对母亲讲述时的情景，依然给我留下很深的印象。

傅先生的学术成就、治学精神、刚直的性格，他"对国家的教育事业，忠耿未移，丝毫不因为一时遭遭而淡漠人生或消沉志气"，这着实令人肃然起敬。

民国时期特别是 30 年代后期，从官方到民间所设的各类学术奖励值得一提。鉴于 20 世纪初诺贝尔科学奖对世界范围内学术与科学研究发展的巨大推动作用，1937 年 2 月，国民政府"中央文化事业计划委员会"陈果夫等提请以孙中山的名义设置"总理纪念奖金提倡学术奖励服务蔚成风气案"，获得通过。此奖试图仿照诺贝尔奖奖金，分文艺、社会科学、自然科学、教育、社会服务等五个类别，每类设五个等级。并决定特别拨付基金三百万元，运用其利息，分别奖励有突出贡献者。这个国家最高学术奖，不知是不是由于抗战的全面爆发而胎死腹中。

教育部等官方机构也制定了一系列条例对学术研究成果作出定义，并对优秀成果给予奖励，非官方机构，甚至个人也推出了各种奖金奖励特定专业的研究。

民间学术团体和个人纷纷设立各类奖金，作为中国最早、最大的民间综合性学术团体"中国科学社"（1915—1960），即由中国第一位毕业于哈佛的数学博士胡明复等人发起，这个"怀抱科学梦"干着无名利可图"服务科学社"的工作，让胡明复"十余年如一日"，孜孜以求，

06-05　科学社社徽

06-06　中国科学社创办的数学杂志

可惜的是 1927 年胡明复游泳时不幸遇难。37 岁英年早逝，这让学界甚为痛惜。当时的民国政府称赞他"尽粹科学、志行卓绝、提倡科学、十年不倦"。

科学社聚集了一批高水平的科学家如翁文灏、竺可桢和吴有训等。科学社由董事会、理事会、社员、赞助社员以及永久社员等组成。第一届董事会成员包括蔡元培、梁启超和胡明复。科学社以"科学救国"为信念，以"传播科学为宗旨"。成员多以入股方式加入。1930 年的算学股中就有：天津南开大学的姜立夫、北平清华大学的杨武之和时在法国的熊庆来等。赞助社员中包括宋子文、蒋中正、黎元洪、阎锡山等各界大佬。在 1925 年和 1936 年两次议决设立"中国科学社奖章"如 1931 年设立考古学奖金，首次获奖者为发现北京猿人头骨的裴文中；此外还有"爱迪生奖金"奖励物理化学的著作，中国科学社以个人名义设立的奖金则有："高君韦女士纪念奖金""何育杰物理学奖金""绍桐生物学奖金"等等。

高君韦（1896？—1928），商务印书馆元老、出版家高梦旦（1870—1936）次女。高君韦女士 1924 年入美国康奈尔大学，攻读食物化学，先后获得学士和硕士学位。她文理兼长，对文学与翻译情有独钟，在求学期间译著有：《希腊小史》《当代化学之进步》，并译有《盲聋女子克勒氏自传》《假如给我三天光明：海伦·凯勒自传》等，是民国时颇有影响的才女翻译家。1927 年她受聘燕京大学，可惜回国后不久，1928 年 1 月英年早逝。其姐科学社社员

06-07　高君韦女士像

高君珊女士，为纪念亡妹，捐款设立"高君韦女士纪念奖金"，作为中国科学社奖项，此奖奖金 100 银圆，金质奖章 1 枚，专门奖励算学、物理、化学、生物和地学五科。自 1929 年始，"择定一科轮流择给奖"，奖励国内大学及专科学校内学习自然科学及应用科学的学生和年轻教师。1939 年轮到算学科，审查委员为熊庆来、姜立夫和江泽涵三位教

授，西南联大算学系姜立夫为主任。评选结束后他专门致函科学社总干事杨孝述告知：参评论文"已与熊迪之和江泽涵二先生分别审查竣事，共同决定推荐闵嗣鹤、王宪钟二君平分奖金"。父亲作为西南联大年轻的助教和当时算学系大四学生王宪钟，两人的论文共同赢得第六届"高君韦女士奖"第一名。在我们儿女的印象里，这大概是父亲一生中获得唯一的一次学术奖励，或许这也是在抗战艰苦的环境下及他个人最需要激励时的一次奖励。这一年父亲26岁。

遗憾的是在20世纪30年代后期，"宏奖学术、提倡服务以图复兴民族，建设近代国家"的愿景和设置的诸多奖项，随着抗战的延续与通货膨胀等因素的影响受到了极大地冲击。

06-08　杨武之先生

杨武之（1896-1973）中国现代著名数学家，杨振宁之父。1928年杨先生在美国芝加哥大学获得博士学位，成为中国"第一位在解析数论领域获得博士学位的学者"。杨先生1928年夏回国，1929年被聘为清华大学教授，时年33岁。杨先生当年的学生万哲先院士在回忆文章中说："杨先生在清华大学任教的20年，是清华数学系人才辈出的20年。"有大胸怀者，往往有大境界。杨先生堪称伯乐，他有过人的识才眼力，选才、育才亦为大家，许多青年在他的指点和帮助下都成为栋梁之材，取得了杰出的成就。杨先生培养了不少杰出的人才，著名数学家陈省身、华罗庚、柯召、段学复、徐贤修和庄圻泰等，当年都受益于杨先生相知、相助与举荐提携之功。父亲则是杨先生在北师大兼课时的学生。父亲毕业后在师大附中任教期间发表的论文《相合式解数之渐近公式及应用此理以讨论奇异级》先是被傅种孙先生看中，后推荐给杨武之，杨先生发现闵氏确有数学才华，后又和傅种孙先生一起推荐，最终被杨武之聘为清华大学的助教。杨武之先生还将父亲那篇论文推荐去评奖，在父亲学

06-09　笔者和大妹与杨振宁先生合影

术人生的几个关键时刻，杨先生恩重如山。

那个年代清华大学数学系大胆启用"天才学生"，并在国内外罗致数学新秀。郭金海在《异军突起：抗战前的清华大学数学系》中说，其中"有两位值得特别注意"，一位是华罗庚，一位是闵嗣鹤，两人均来自中学。这在清华当时具有博士或硕士的教员队伍中的确是个例外。"不拘一格降人才"，后来华先生和父亲合作"成为解析数论在中国的创始人之一"，并培养了一批优秀人才，杨先生功不可没。

父亲在杨武之先生麾下，杨家和闵家在那时交往很多，可惜没有留下杨先生和父亲等在联大时的照片。2014 年我和大妹去清华拜访杨振宁先生，这张合影，传递着闵家晚辈对杨武之先生的感念和对杨振宁先生的敬意。可见一段两家人、两辈人的情谊。

07

西南联大有多远

在耳边，总是能听到父辈们在念叨西南联大，家中也常有父亲当年在西南联大的师友造访。但在那时，在我们幼小的心灵里，西南联大却是一个非常陌生与遥远的存在。

1937 年 6 月，父亲大学毕业在师大附中任教两年后，接到被清华大学算学系杨武之先生聘请去当助教的聘书，"一时喜出望外"。可不久抗战爆发，还未履职就成了"亡国奴"，开始了逃亡的生活。在兵荒马乱的年代，清华大学行止未决。祸不单行的是父亲的爸爸和祖母、祖父先后去世。家境贫困的父亲作为家中唯一的男人，不得不过早地承担起家庭的重任。父亲将亲人的棺椁安葬在北平宣武门外的江西义地，并从好友赵慈庚先生手中借了"知行社"的活期存款 200 元，凄然告别。父亲先是和恩师傅种孙，携奶奶和三个姑姑从北平到江西。其后拿着一纸清华的聘书追随南渡的清华而去，傅先生则随北师大去了西北联合大学。抗战爆发华北沦陷，梅贻琦校长已事先为清华在长沙选定校址。后南渡和北大、南开组成长沙临时大学，1937 年 11 月 1 日正式开课。当时"长沙清华"文、理、工三大学科 16 个系，有教师

07-01　西南联合大学旧址

07-02　父亲联大照片

140 多人,当时算学系教师 9 人,其中教授 5 人,一个教员和段学复、闵嗣鹤两个助教以及 1 个半时助教。

随着战事的扩大、南京陷落,联合大学奉命前往昆明。于是父亲和一家人随联大老弱的那一路,坐车和船历尽艰辛从长沙乘火车到广州办好了一家人出境的护照,然后坐火车到九龙经过香港、坐船到越南境内再进入云南转到昆明。

西南联大是一所在抗战中由清华、北大和天津南开大学组合成的特殊大学,一所谁也不知道要坚持多久的大学。

父亲曾任联大理学院算学系的教员,先后为陈省身先生和华罗庚做助教,并参加他们开办的小型的讨论班。当年西南联大数学讨论班的亲历者,徐利治先生晚年接受采访在谈到华先生时说:"有闵先生做他的助教,给他帮了不少忙。所以他在西南联大时期发表了许多文章。"1940 年至 1947 年间是父亲与华先生两人在学术合作与交往最为频繁密切的时期。他们先后共同发表了六篇论文,其中一篇成为中国学术期刊在 20 世纪 40 年代最早入选美国《数学评论》摘编的论文之一。华先生曾在他们 1940 年合写的一篇论文上写有"闵君之工作占有异常重要之地位"的评价。在他的名著《堆垒素数论》1941 年"俄文版原序"中,也特别提到父亲和钟开莱两位先生"对于本文手稿之准备都曾给予了帮助"。在《西南联大校史》中曾写道：华罗庚和"他领导下的闵嗣鹤在解析数论方面共同合作，获得了出色的研究成果，对数论的发展作出贡献，并为我国培养出许多对数论研究有杰出成就的数学家。"

为了使中国的文脉得以保存，为了"留住中国最后的希望"奋力图存，当年北大、清华和南开三所大学的几千人分水陆两路南迁流难云南，这或许是世界上唯一一所经历过一千多公里长征的大学。尽管昆明天高地远，但是头上仍时有日军敌机骚扰、轰炸，师生员工不时地跑警报，夜晚，师生们秉烛而行赶往教室，有的校区没电，一到夜晚上百盏桐油灯在校园的夜空中闪烁，成为一条独特的风景。当时联大学生读书风气极盛，即便是空袭期间，学生们仍不忘夹着书籍、笔记疏散。

联大师生住着土坯茅草房、吃着掺杂了稻壳、草籽、石子、老鼠屎的"八宝饭"，面对抗战时期艰苦的生活，师生们患难与共、备尝艰辛。当然，学生们对当局的不满和揶揄也令人难忘。1944年经济凋敝、通货膨胀物价飞涨，新年之际，工学院的学生在食堂门口贴出了对联：上联是：望穿秋水，不见贷金，满腹穷愁度旧岁；下联是：用尽心机，难缴饭费，百般无赖过新年；横批为：天宫赐粥。

微薄的薪金、物价的飞涨，让教授们的生活捉襟见肘，为了"尽其所能维持体面的生活"，教授们也各显神通，哲学家冯友兰售字、夫人亲自做芝麻烧饼卖给学生，校长梅贻琦的夫人在家自做点心"定胜糕"卖给当地老板；学者闻一多"难以供养活八口之家"是"联大圈子里人所共知的困难户之一"，他决定挂牌治印。为此，联大教授浦江清特意撰写"闻一多教授金石润例"的骈文启事，梅贻琦、蒋梦麟、冯友兰、朱自清等十二人具名推荐捧场，"一时轰动了春城"。其间闻一多先生治印达500多方，"常常因篆刻图章一直到深夜"，其子闻立雕讲父亲跨进了名副其实的"教授'兼手工业者'的行列""我们一家总算逐渐走出了生活的最低谷"。

1938年至1941年，日机轰炸频频，空袭警报时常响起。每天记日记的梅贻琦校长就时常记有"饭前约十二点敌机来，炸市区"的文字。

当联大校舍被炸后梅校长刊发"启事"以"物质之损失有限，精神之淬励无穷，仇深事亟，吾人更宜努力"，来自勉并与同仁共勉。

1938年为躲避日本飞机对昆明的轰炸，华罗庚先生暂住闻一多先生家过起了"隔帘而居"的生活。华先生当时曾有"挂布"一首："挂布分屋共融膝，岂止两家共坎坷？布东考古布西算，专业不同心同仇。"

秉承"刚毅坚卓"的校训，校园里师长、学子心无旁骛，壮怀难折，切磋学术，"诗书丧，犹有舌"，联大人的集体感，克服贫困，保持"蓬勃、昂扬而有创意的精神生活"是一种骄傲和满足。

父亲在西南联大曾给陈省身先生开设的几何课做辅导，并参加华罗庚先生的数论讨论班。还先后讲授过"微分方程"和"高等微积分"。1942年在抗战的烽火中，由于美国陈纳德将军率领的空军对日军敌机的歼阻，使当时疏散到外地的昆明中学得以恢复，不少学生纷纷来昆明求学。而西南联大的教师和毕业的学生也充实了昆明中学的师资队伍。自1942年始，新成立的公立和私立中学有30所之多。"农业中学"和"龙渊中学"就是父亲兼职任教的两所。

"龙渊中学"这所学校由北师大毕业生张淑洵夫妇在1942年秋天创办，时任云南省主席的龙云题写的"云南省立龙渊中学"牌匾挂在校门口。"黄土小坡辟校园，披荆斩棘凿龙渊"，受到张校长艰苦办学、学生在黄土坡的土坯房中上课，在黄尘漫卷中晨读的感染，不少联大师生前来助学，有骑马的、有坐马车的、有徒步的，风尘仆仆赶来为学生上课，如教国文的作家、诗人孟超，教生物的牛满江，教数学的王湘浩、王宪钟，教地理的王鸿祯，教音乐的张葆英等，一时间龙渊教师名贤济济极一时之盛。

为躲避日本人对昆明的轰炸，父亲和一些教师搬到了离昆明五里外的黄土坡。住处离云南龙渊中学比较近，父亲便联络

07-03　父亲联大照

几位年轻的教师利用业余时间为中学生代课，开设数学讲座。父亲讲的次数最多、最积极。或许父亲是学师范出身，或许如好友赵慈庚先生说：嗣鹤是"乐育为怀"，所以讲授颇受学生欢迎。龙渊中学毕业的校友、当年直接受业的学生孔庆福在《抗战时期的龙渊中学》一文中，在谈及当时的教师时说："闵嗣鹤在龙渊教平面几何和高等代数，教学语言精练、准确、严密。概念讲解明白，推理层层分明。许多数学难点能一语点化，使学生思路豁然开朗。"

1944年夏，时任算学系主任的杨武之先生给西南联大理学院院长吴有训（字正之）写信，力荐父亲升任讲师。附信如下：

正之吾兄大鉴：

敬启者，算学系教员闵嗣鹤先生到校迄今夏已达七年，服务忠勤，研究有得，先后共成论文十余篇（目录及稿件附呈），弟意欲请兄向校长提出，自今夏起，聘闵先生为专任讲师，是否有意，至祈裁酌，顺颂日绥。

弟 杨武之 六，七

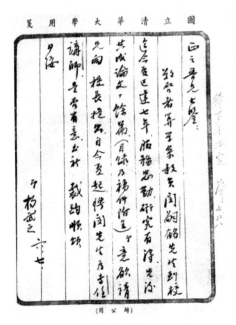

07-04 杨武之先生手札

当年 12 月 1 日，梅校长手示："闵嗣鹤先生卅三年八月一日起薪改为国币贰佰壹拾元。"这是讲师一档的薪金，在 1944 年教授当时是 400~600 元之间。

从杨武之教授的信中不仅可以看到对后学的真诚举荐，而且也让人领略了杨先生那一代学者的尺翰之美。在这封信后面附有父亲提交的 13 篇论文目录，其中注明有 6 篇是与华罗庚先生合作的。

在西南联大七年，父亲"仰事老母俯携诸妹"，"家境之艰辛求学之匪易"。父亲"研有所得"，并能抓住机会出国深造的确是难得的。1945 年抗战结束前考取庚款留学，当年八月中旬父亲是在踏上征途，坐在飞机和轮船上，通过报纸与广播知晓日本战败投降消息的，八年的抗战救亡，一代学人南渡的颠沛流离，终于画上了句号。

1940 年、1943 年在美国写作的林语堂先生两度回国，一次途经昆明在西南联大发表演讲时曾激动地说过一句话：联大的师生在物质上"不得了"；在精神上"了不得"，此语一出即被广为传诵。物质条件如此简陋的西南联大人才辈出，这多少说明人才的成长即便是天才的涌现并"不需要天堂般的环境，一般的环境就足够了"，更需要的是"刚毅坚卓"以及那一腔报国的激情与追求真理与真知的气韵。1946 年，冯友兰撰文、闻一多篆碑额、罗庸书丹 1100 字的西南联大碑文，把这段中国教育史上惊天地、泣鬼神的历史记录下来。2007 年笔者曾去云南寻访父辈学习工作的故地，触摸那段已经凝固和远去的历史与记忆，寻觅着联大这所前无古人、后无来者的大学精神对现代大学的启示与意义。西南联大离我们很近，似乎又很远。

08 从牛津到普林斯顿

　　1900年，美、英、德、法、日等组成的"八国联军"侵略中国，并于1901年迫使清政府签订了《辛丑条约》，条约规定自1901年起须向14个"蒙受损害"的国家赔偿所谓的战争损失4.5亿两白银，分39年还清，这就是史称的"庚子赔款"，这是中国近现代历史上所遭受的"奇辱"。然而，为了把损失尽可能地减少，在清廷外交部驻美公使梁诚与美国政府"时阅三年，屡经波折"斗智斗勇的交涉，就美国庚款中"多取、不应取"之部分据理力争，最终促成美国众、参两院通过了《豁免中国部分赔款》法案，罗斯福政府不得不大力削减赔款并将余款"退还"中国以"援助中国力行教育"之用。中国现代教育的"庚款留学"由此启动，1909年10月王士杰、梅贻琦等首批47名未过弱冠之年的庚款留美学子终于从上海启程赴美，次年，赵元任、胡适等第二批庚款留美生相继成行。

　　1916年6月吴宓在清华学校毕业，出国前曾留任学校文案处翻译员，并有机会在周诒春校长身边工作。此时，吴宓接触到诸多关于庚子赔款方面的秘密档案。他在20世纪70年代撰写《吴宓自编年谱》

纪事中提到庚款之事时，在"宓按"中他曾慨叹："六七十年来，即由清华出身之留美学生中，有几人得知美国此义举半出于被动？谁知梁诚公使之智术与伟功哉？"

迫于民国政府和各界的压力，美国退还庚款的做法后来为英、俄、比诸国家所附和，1933 年用于留学的英庚款正式启动，截至 1946 年前后共招考了九届中国公费留学生。

08-01 梁诚照片

面对积贫积弱，"绝少精于各种学问之人"的中国，以"自强""求富"为目的的洋务运动，将派遣学生出国留学，作为晚清"新政"石破天惊的重要内容之一。这种做法在民国时期通过庚款留学得到传承与强化。民国政府颁布的"实业计划"和《留学教育方案》明确规定：留学生之派遣，"以适应实业计划实施之需要，培植高级技术专精人才及业务管理人才为主要方针，同时顾及国家各项建设之需要，并造就高等教育师资"为目的。当时的理工农医等"实科"与"文科"的分配比例约 4：1，自费留学生两科的比例是 6：4。一些省份甚至明文要求官费生"必须学习自然科学"，使不少喜爱文科富有天赋的青年为了获取"官费生"不得不割爱，选择了理工农医。由此不难看出，整个社会发愤图强，振兴国势的心情之急迫。

时任西南联大教授的陈省身（1911—2004），早在 1934 年赴德国留学，1936 年在德国获得博士学位，后去法国师从数学大师嘉当（E. Cartan）研究微分几何，后又于 1946 年赴美国普林斯顿高等研究院做数学研究，先后完成了五年欧美的学术巅峰之旅。在那个时代，陈省身先生无疑是中国数学家中眼界最为开阔与深邃并最有成就的人物之一。

1938 年在抗战的烽烟中，陈先生毅然回国，应聘清华大学教授后来到西南联大任教。父亲有幸曾为陈先生开的微分几何课做辅导助教，两人在昆明曾有共研数学之雅。年长父亲仅两岁的陈省身先生，远见卓识、大业早成，不到三十而立之年已是学界翘楚。这大概除了个人的天分、机遇和努力之外，有效的、创造性的"记忆、学习与判断逻辑"，也是助其事半功倍、捷足先登的重要因素。陈省身先生鼓励父亲出国留学，以开阔眼界得到更大的提高与发展。

1944年2月第八届庚款留英考试分别在陪都重庆以及昆明、桂林、泰和、成都和西安六地同时举行，计录取了洪朝生、黄昆、曹日昌和闵嗣鹤等30多人。家父1945年10月乘船到英国牛津大学开始了他三年的海外留学生涯。

地质学家王鸿祯院士（1916-2010），当年在西南联大考取了英美奖学金，并与父亲同船去英国。已经无法知晓父亲第一次远行的经历，也很难想象面对浩瀚无垠的大海和憧憬的英伦留学之旅，这位三十出头的年轻教师脑海里究竟在想什么？不过，从王先生的诗文里可以大

08-02　王鸿祯和父亲（右）在英国爱丁堡

08-03 导师 E.C.Titchmarsh   08-04 Exeter College 一角

致看出他们的行程：先从四川飞到印度加尔各答，金秋十月在印度孟买登舟西渡，经过红海、穿过苏伊士运河、进入地中海，过马耳他岛，再穿过直布罗陀海峡，进入大西洋途经比斯开湾，最后到达英国利物浦港。在海上漫长的旅程中，父亲在船内阅读不少书籍，并且还赠给王鸿祯先生《哈代短篇小说集》以解船中单调乏味的时光。还不到而立之年的王鸿祯酷爱诗文，一路上诗情勃发写诗不辍，以诗言志、纪实、记史，留下不可多得的宝贵文字。其中王先生在船上就有《答谢闵嗣鹤学长赠书》一首，诗云：哈代有名篇，写尽世上缘，今君以遗我，云如骏归燕。

两人到英国后还时有往来，并有同游剑桥、苏格兰首府爱丁堡之趣。父亲与王先生从西南联大的同事，后一起赴英国留学，1947年9月父亲又和王先生同船去美国深造，再到回国后同在北大燕园任教，真是缘分不浅。

20世纪40年代中叶，"二战"的硝烟刚刚散去，海上行船还颇有风险。一群怀抱科技救国梦想的留学生们坐在三等舱内，途经印度洋、

知父何年

08-05　父亲留学时照片

大西洋，在时有季风、惊涛骇浪的海上颠簸，耗时旬余的惊险、甘苦，个中的滋味，非现代出国的学子乘坐波音或麦道高速客机可以感同身受的。这一年和家父同入牛津大学理工科的还有后来成为著名防化专家的周廷冲院士。

父亲在牛津大学导师梯其玛希（E.C.Titchmarsh1899—1963）指导下研究解析数论。梯其玛希师承英国著名数学大师哈代（G.H.Hardy1877-1947），名师出高徒，梯其玛希在数论研究方面

成绩斐然，1931年三十岁出头即入选英国皇家学会会员并多次获得英国数学大奖。梯其玛希一生培养了17名博士生，父亲在他门下研读，

08-06　1947年牛津大学合影照，家父为第三排左一站立者

在近三年的时间里发表论文多篇，并取得博士学位。导师对纯粹数学的浓厚兴趣与研究态度，深深地影响着父亲的学术生涯。

据《庚款留学百年》中记载，从1915—1951年，有近20人在牛津大学拿到博士学位。家父等人考取的是第八届英庚款留学生，并以《黎曼函数的阶估计》的优异结果在1947年获得博士学位。自1840年以来，英国牛津大学和学院的教师都要与获得学位的学生一起合影留念，这已经成为一种传统，成为牛津记忆的一部分。这张1947年在牛津埃克斯特学院的大门外一百名的学者合影中，站在前排左侧的父亲成了少有的一张中国面孔。据有关文献记载，父亲是第一个在牛津大学拿到数学博士的中国人。父亲回国后不久新中国成立，由于种种原因，再没有与牛津大学取得联系。

父亲就读的埃克斯特学院（Exeter College）位于牛津大学的中部，成立于1314年，是牛津四个最老的学院之一，第三届中英庚款学生、中国学者钱钟书先生曾于1935到1937年就读于埃克斯特学院。2014年4月这所名校迎来建校700周年。精致、优雅的学院教堂、图书馆和美丽的花园，成为这所学院地标性的建筑。该校在2012年网站上发出过一份寻找Exeter College Lost Old Members（失联老校友名单），父亲成为埃克斯特学院在20世纪40年代要寻找的11人之一。

在英国期间，父亲结识了牛津大学教授欣谢尔歇伍德（Hinshelwood，1955-1960年任英国皇家学会会长、1956年获诺贝尔化学奖），彼此互教对方外文，他每周一次前往欣氏家教中文，欣氏亦教家父英语口语。欣氏才华横溢，晓畅七八国语言。他喜欢用中文同父亲交谈有关《红楼梦》的情节，说："贾母晚年，对宝玉的管教似乎更宽松了！"并赠送原版的《莎士比亚十四行诗》给

08-07　数学大师外尔

父亲带回国内。

1947年9月父亲博士毕业后前往美国普林斯顿高等研究院继续做研究，有幸参加赫尔曼·外尔（H.Weyl, 1885–1955）的讨论班（1947年9月—1948年6月），并得到外尔的挽留。外尔曾师承数学大师希尔伯特，并在希尔伯特指导下完成了博士论文。外尔后来成为与老师齐名的20世纪世界最著名数学家之一。1949年外尔邀请中国数学家陈省身和日本数学家小平邦彦等前来研究。有个插曲值得一提，小平邦彦后来在回忆大师外尔时曾写道：当时一位年轻的美国数学家说，今天是小平40岁生日。快人快语的外尔闻之转身对小平说："就我所见，数学家止于35岁，你可得抓紧了。"随后外尔意识到此话有些过头，又补充说"也有例外，也许你是例外"。这两位后来都获得了数学界的最高奖——沃尔夫奖。小平邦彦在1985年为外尔写"学术传记"时评价道：外尔"大概是本世纪最后一位全能的伟大数学家，其研究领域不光是数学，还涉及物理学甚至哲学。"

陈省身晚年在文章中也写道："历史上是否会再有像外尔这样广博精深的数学家，将是个有趣的问题。"

当时普林斯顿高等研究院有"学者的天堂"、"数学之都"之称，奥本海默也把它比作"知识分子旅馆"。普林斯顿高等研究院的创建人之一弗莱克斯纳（A.Flexner 1866—1959）提出的"没有责任，只有机会"的理念，优越、单纯而宽松的研究环境，足够的时间和空间，这成为学者们享有的最重要的财富，这也使20世纪30年代初期到40年代末，以爱因斯坦、哥德尔、奥本海默、外尔等为代表的一批世界著名科学家云集在此。对真知、

08-08　普林斯顿高等研究院 Fuld Hall

真相和真理的追求，激励、压力和动力一切似乎都在无形之中，这吸引了世界各地年轻的科学才俊"像潮水般涌进来"。美国科普作家埃德·里吉斯（Ed Regis）说，在高等研究院1980年出版的《学人录》（A Community of Scholars：Faculty and members，1930—1980）中，"凡读者能记起名字的20世纪的科学家几乎都能查到"。

曾在普林斯顿任职多年的皮埃尔·德利涅（Pierre Deligne），2013年阿贝尔奖（Holmboe Prize）获得者，他在接受采访谈到普林斯顿高等研究院时说："它们都不是那种使你懈怠的地方，你总是要和那些年轻人交往，他们会让你明白，你并不是自己所认为的那么优秀。"

著名学者周培源、陈省身、华罗庚、徐贤修、段学复、杨振宁、李政道、胡宁等早年都先后来过这里做研究。令父亲颇感遗憾的是一次在研究所和爱因斯坦在楼梯相遇，一个下楼，一个上楼，出于对大师的仰慕和胆怯，并没有能上前问候，结果擦肩而过。科学巨匠爱因斯坦是普林斯顿高等研究院请来的第一位教授，那个年代人们对大师多有崇敬之情，但不像时下的"追星族"以紧追、攀近乎、签名、索

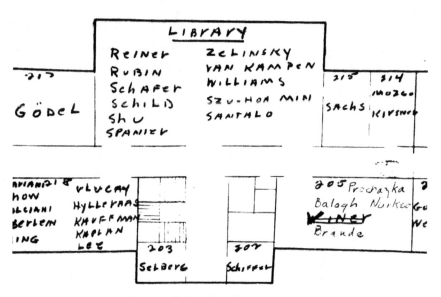

08-09　镜框中的名单　Szu Hoa Min

照或合影为荣。周培源先生是国内学者中少有的与爱因斯坦在普林斯顿身边工作过的。他那时只是有机会为爱因斯坦拍过一张小照，却觉得自己"没有资格和他照相"。

父亲和周培源（1902—1993）相识于西南联大，在清华和北大同事多年。周培源后来说："1946年夏，我到英国牛津大学做短暂访问时，我们有机会对当时的一些问题交换了看法，彼此有了深入的了解，建立了友谊。"

真是机缘巧合，半个多世纪过去了，在美国定居的妹妹老五，前些年夫妇俩人去美国普林斯顿高等研究院寻访父亲的足迹，正好碰到一花白头发的老者，一聊才知道他也是数学大师外尔当年的学生。他把老五带到福尔德楼（Fuld Hall）二楼的系务室，在那看到当时在这所四层高的大楼里每一层入座过的部分学者名单。这份手写的名单看来非常重要，被放在镜框里，至今还挂在墙上。老五将拍的照片发来，

08-10 老五妹妹和妹夫与德利涅合影

在当时曾坐在二楼数学图书馆的二十多位数学家中，我认得出的名字其中就有在 1931 年提出过"不完全定理"、1938 年后到普林斯顿任职的奥地利著名数学家哥德尔（Gödel）、1947 年后在普林斯顿做研究的数学家斯潘尼尔（Spanier）、后来获得菲尔兹奖的挪威数学家塞尔贝格（Selberg）、荷兰拓扑学家范坎彭（Van Kampen）、数学家赖纳（Reiner）和有幸坐在这里的家父闵嗣鹤（Szu hoa Min）。

后来我通过老五的信和相关网站的介绍，才知道这位热情接待他们的谦谦学者，正是比利时著名数学家皮埃尔·德利涅，他曾先后获得过有数学诺贝尔奖之称的"菲尔兹奖"（Fields Medal Prize）、沃尔夫数学奖（Wolf-Prize）、瑞典皇家学会颁发的克拉福德奖（Crafoord-Prize）和阿贝尔奖（Holmboe Prize）等几大奖项，2009 年入选瑞典皇家科学院外籍院士。普林斯顿高等研究院的确是藏龙卧虎之地。

在我们小时候耳边常常听到父亲和来访者谈到庚款留学，父亲得益于这段留学的经历，这让他在人生与学术的道路上迈上了一个台阶。

09

写给梅贻琦校长的三封信

09-01　梅贻琦校长

在清华大学档案馆里，发现了有三封关于父亲的信。一则令人感慨六十多年前的信笺原件保存完好并已经扫描成电子版；一则感叹在父亲的人生道路上，这三封致梅贻琦校长的信至关重要。其中有两封是父亲分别在国内和国外写的，工整漂亮的毛笔小楷和钢笔字，使吾辈在阅读书信内容、触摸历史瞬间的同时，又增加了对父亲书法欣赏的价值。还有一封出自父亲当年的老同学、时任清华大学数学系主任段学复先生的手笔。

第一封信：1945年父亲在西南联大考取了赴英国的庚款留学，欣喜之余对家中的老母和几个妹妹的牵挂油然而生。父亲担心自己远走之后，如果停发了学校开的薪酬一家人该如何是好？于是在1945年5月9日父亲出国之前给梅贻琦（月函）校长写信陈请关照并按休假而非离职相待。信中写道："嗣鹤自抗战以来追随钧长共尝甘苦七年于兹

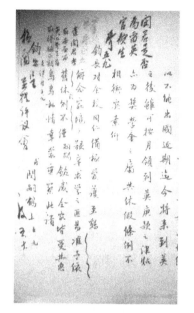

09-02　毛笔信件原件局部照　　　09-03　钢笔信件原件照

而家庭情形或尚有未蒙鉴者。七年以来仰事老母俯携诸妹俾——均受大学教育家境之清苦匪言可喻。此次得赴英研读对于自身固感庆幸而每思离国之后家无男子幼妹尚在先修班负担已移诸大二两妹未尝不凛然而惧"。父亲希望梅校长"准予依旧休假则不仅嗣鹤铭感全家皆受其惠乌鸟私情幸蒙垂察此请钧安。戗 闵嗣鹤上"。

梅校长第二天即在信上用毛笔写有："闵君是否为留英官费生"，"查闵君考取本届留英公费生备取得补正额"，"梅阅 并提评议会"等四处批语，并在"准予依旧休假"一句旁画了竖线。梅校长的严谨、笃实和力行可见一斑。

第二封信：1947年父亲在英国牛津大学获得博士学位后又曾致信梅校长：

"月函校长均鉴最近自英抵美始悉已有聘函使复任教于清华曷胜感愧。惜前由导师介绍已获选为普城研究院之研究员，此间名师既众环境复优乃充实自己之最佳机会颇期有所砥砺，为异日教学及研究之基础为期一年回国不远将来为有机会自应尽量为清华服务也。专此敬复即请钧安。闵嗣鹤谨复。"

在这封向梅校长回复的信上，父亲解释了接到清华聘书的感激之情及暂不能应聘的理由。一年之后，1948年父亲如期回国兑现了服务清华的承诺。这是父亲第二次接到清华大学梅贻琦校长签发的聘书，和1937年抗战烽烟突起，接到聘书后不得不南渡几千里辗转长沙复到昆明赴西南联大时相比，这一次才是父亲真正走进清华园登上讲台。

抗战胜利后，清华北归。备受日本人破坏的清华园满目疮痍，梅校长在《复员后之清华》的文章中坦言：今日清华，人力、物力匮乏，"复校工作，实甚艰巨"。但他告诫校友诸君"既感恢复旧观之不易，又不欲即以恢复旧观为满足"。在这篇载于1947年《清华校友通讯》的长文中，梅先生在为校友鼓劲，在为未来筹划。他对复员前后清华的现状与发展了然于胸。对他麾下的院系及教员如数家珍。在讲到理学院数学系时，还特别提到："考取公费学者有教员闵嗣鹤先生，现在英国"。

时任数学系代主任的赵访熊教授曾致函清华理学院院长叶企孙，"推荐现尚在英美之钟开莱、王宪钟、闵嗣鹤三位先生为数学系副教授并附上各人之论文表以供参考。"

第三封信：20世纪40年代，在海外留学学业有所成的学者还是稀缺品。1947年父亲学业完成后，杨武之先生与时任清华大学数学系主任段学复商量，速聘闵嗣鹤等在海外学有所成的优秀人才。段学复就给梅校长写信，希望留住人才，希望父亲能回到清华任教。因赵访熊代主任出国休假，段学复先生曾幽默的称自己当时是"数学系代代主任"。他在信中讲："中研院、南开、师院皆曾提及聘闵先生也"，并就父亲归国后的薪酬待遇、住房等事宜都作了陈述与安排。梅校长第二天就在段先生的信上批示："下年可照改"，"函孟先生照发"。

孟先生即清华校友、华美协进社常务主任孟治（1900—1990）博士。早在1933年梅贻琦校长就任命孟治先生为"中国教育室名誉主任"，并请他照看清华庚款"留美及留欧公费生之事务"。孟先生曾撰文："对母校之希望：使一切在清华上过学的人都得成全他们的天资及志趣的机会。"1942年抗战期间，国民政府在美国纽约成立了以宋子文为主任的"留美中国学生战时学术计划委员会"，孟治任书记和华美协进社的干事长、主任。几十年来他与梅校长及诸多学子电函频频，经孟先生之手资助和接济了不知多少清华留美及归国的学人。

从这三封信和梅校长的批复中不难感受到他对教员的关爱，不过父亲两次提笔给校长写信吐露心声，恳请相助，确实是感受到"钧长对全校同仁备极爱护"，父亲是承蒙梅校长鉴察和恩惠的一个，相信这在20世纪40年代大学校长与教师之间通过私人书信这种郑重的方式沟通也并非个案。

10
入住清华西院

　　清华西院是清华大学早期教职员工住宅区之一，建成于1924年。因位于清华西边并靠近西大门而得名。这里曾经有50多位著名学者先后在此居住。

　　西院由五六排二合院及后来增建的四合院式建筑组成，灰色的砖墙绿色的门窗，附近绿树成荫，西院的东面紧挨着学校的一条内河，潺潺的流水，岸边随风摇曳的垂柳，环境十分幽静。

　　据《清华副刊》（1933）和《识庐　清华园最后的近代住宅与名人故居》一书考证，西院先后曾有三批住户，几度易主。首批在1924年包括周培源、陈寅恪、郑桐荪、杨武之、周先庚等；第二批住户是在1925-1937年间，此时住有王国维、朱自清、陈寅恪、熊庆来、吴有训、杨武之等。第三批住户始于1946年抗战复员后入住，父亲1948年回国住在西院11号，当年户主是杨武之先生。邻居12号是吴晗，25号是沈同，43号住着钱伟长、王宪均。1948年8月下旬父亲坐船回国抵达上海，《华北日报》9月18日发了本报讯"闵嗣鹤博士载誉回平任教"，后到北平入住清华园。此时已是北平和平解放的前夕，两军对峙，岁末在西郊清华园不时可以听到远处传来的隆隆炮声。

1948年10月已被聘为副教授的父亲开始为二年级上必修课"高等微积分"和"数学分析",并在那里带了回国后的第一批研究生,这一年父亲35岁。1950年父母在清华结婚,一年后长子乐泉在这里出生。

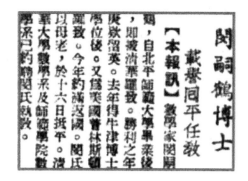

10-01 《华北日报》本报讯

1952年6月教育部发文进行全国高等学校院系调整。清华数学系一分为三,华罗庚等人去了中国科学院数学所,父亲和周培源、段学复、庄圻泰、程民德等一批教授以及吴光磊、李同孚等先生去了北大数力系,只有赵访熊教授留在了清华。1952年8-9月间父亲一家告别了清华园。

此后,一枚北京大学的红色校徽佩戴在父亲的胸前。这枚校徽保

10-02 1952年数力系部分师生照片,前排中立者为程民德、第二排左四为家父

存至今,虽然上面的红色珐琅已经褪尽,不过作为当时的"北大第一系",
校徽背面" 工0007"的编号赫然在目。

　　由于清华和北大,近在咫尺,父亲常来清华走动并带孩子们去清
华大礼堂看演出。这座由美国建筑师墨非设计建成于1927年的古典廊
柱式建筑,直到20世纪80年代,都是海淀学院路八大高校中最大、

10-03　今日清华西院一角

最好的。记得当时从成府街穿过沙土窝向东走到清华礼堂要大约半个小时。那时郊野冷清，晚上路灯很少，也没有什么夜生活，除了偶尔到北大东操场看场露天电影外，一般家庭八九点钟已经熄灯闭户。全家出动时，晚上从成府走到清华，父母都要备好手电筒和提溜着的马灯。白天几次经过西院时，父母总要指点着：哪间房曾是咱们住过的家。大哥生在清华，很有点清华做派。近一个世纪过去了，清华早已物是人非，清华西院大多也成了居民大杂院，但承载着无数故事的清华西院尚在，旧韵犹存。

11

走进成府与书铺胡同二号

　　成府一名的由来众说纷纭。一说是因明朝成王之府而得名；一说则根据苗日新《熙春园·清华园考》：成府是因乾隆帝第十一子、大书法家永瑆的成哲亲王府而得名。1924 年陈达在清华时做的社会调查中记载：成府村始成于元代，"明代以后，住户渐众，俨然成一村落"，清康熙年间圆明园建成后内务府的旗人以及"该园当差的人，大半将他们的家眷搬到成府居住。吃皇粮、用皇钱，于是该村逐日以繁富，至嘉庆年间（1796—1820）而尤盛"。乾隆五十二年（1787）成府村香会会众就在万人朝拜京郊妙峰山娘娘庙立碑，可知当年成府村人丁之兴旺，太平庵、刚秉庙香火正浓。那时清朝皇族控制的步军统领衙门驻街巡查维持治安，此举一直延续到民国初期。1924 年冯玉祥进北京，把溥仪赶出紫禁城，步军统领衙门被裁撤。不过直至 1928 年，成府还有巡警 10 人。

　　成府西与现在的北大一墙之隔、北邻圆明园，东面紧邻清华大学，南面是中关园（原为骆驼场和燕大公墓）。家居成府村的满族后裔金勋老先生，清末曾在圆明园当房当差，他于民国二十九年著有《成府村志》

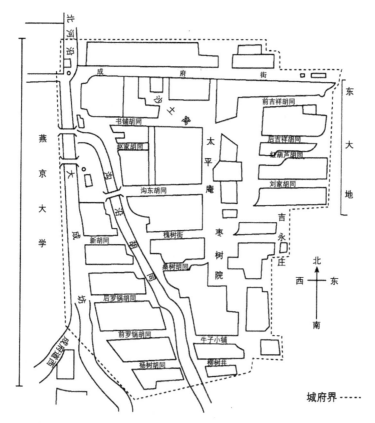

11-01 根据房福海先生绘制的成府地图

一书，从书中可见当年的风貌。另据房福海先生 1928 在《成府人口调查》中记载，当时位于清华大学和燕京大学之间的成府村有四百户人家总人口有 2000 多，大小胡同有 23 条之多。其中书铺胡同住有男 28 人，女 33 人。

书铺胡同因李退厂祖父在此开书铺得名，据闻书铺开办于清咸丰年间有近 150 年历史。他自己于 20 世纪三四十年代在海淀西大街开过一家"兢进书社"，五十年代后列入公私合营。20 世纪 20 年代末，随着燕京大学的建校与迁入，成府聚集了一大批中外知名教授、学者。古典诗词曲研究家郑骞（1906—1991）先生曾在这里读书、教书七八年,他在《成府谈词》一文中，感叹当时的成府这个小村落"小桥深巷、树老荫清，颇饶幽静之趣"。

1933 年夏旧都被兵，栖身在成府槐树街隔墙居室的史学家邓之诚和张尔田"短咏排忧""走仆传笺"留下了"槐居唱和"。在诗前小序中对当年的槐树街有这样的描写：竹粉连墙，翠荫交覆，所居道旁多槐，凡三十有一株，荫蔽日足消烦暑。前清的秀才、东渡日本留学归国的王桐龄，在燕京大学任教，此间写出百余万字的《中国史》。三年的燕大经历让王先生不舍，其中有"别城府蒋家胡同四号宿舍"一首：

三载明窗净几前，昼耽吟咏夜参禅。

而今撒手东归去，辜负春花秋月天。

燕大校长陆志韦（1894—1970）也是在 20 世纪 40 年代初隐居成府槐树街时写成了他的学术名著《古音说略》。

书铺胡同全长不足 100 米，宽 2 米多，"胡同路南无住户街门"。可在我们孩时的眼里，这条胡同却显得相当的长。书铺胡同直到 20 世纪 60 年代中期一直是高低不平的土路，胡同西口一块蓝底白字写有书铺胡同的街牌十分醒目。书铺胡同西与北大院墙之间有一条沟沿，上面铺着青石板桥。这条渠的水主要从北大朗润园流出，向南通到中关园，向北连着圆明园。成府沟渠颇多以致有十步一桥之说。五六十年代，水流清浅，时见鱼虾，夏天蛙鸣一片。

那时"燕宿雕梁"就在前后的两道门洞里筑巢，每逢下雨前燕子在整个院子里低飞觅食欢叫不已。五六十年代雨水很大，一到下大雨门前水流成河，黄沙满地。有时雨大一片河泽，住家的院子里可以划起大木桶。到了冬天不时可以见到院内盈尺的积雪和屋檐下挂满的冰凌。

根据北平市政府警察局郊六分局在 1947 年的户口调查表记载，当时书铺胡同共有 1-4 号 13 户人家，不足 80 口人。书铺胡同二号，或许是这条胡同最好的四合院。父亲一家人和郑桐荪先生 1952 年搬入成府书铺胡同二号前，从 30 年代末到 50 年代初户主曾是外籍人即在燕京大学历史系任教的英国人、曾任系主任的贝卢思女士（Lucy Burtt）和年轻的美国教授魏立克、美国学生马尔博等 4 人，以及她们雇佣的一男一女两位仆人（厨师、园丁）共 6 人的住所。从英国剑桥毕业、在燕京大学教数学的赖扑吾（Ralph）一度也住在这个大院子里。

书铺胡同二号最早的主人尚未查晓，只了解到 20 世纪 20 年代末，全绍文先生（耶鲁大学毕业生、时任燕京大学校董事会成员、校长助理、办公处总务主任）在此居住。他曾和司徒雷登、陆志韦校长，一起发函，可见当时地位不低。书铺胡同二号很可能是全绍文的父亲、燕大的校友、皇族后人爱新觉罗·全耀东（满族）的房产。全绍文 1933 年后离开燕京大学，美国友谊服务委员会花 3000 美元从全绍文手中购得，以后将房产转让给燕京大学并供英国人贝卢思女士使用。1950 年 8 月美国友谊服务委员会专门就书铺胡同二号房屋的产权问题与燕京大学陆志韦校长签署了确认函。

毕业于英国伦敦大学的贝卢思女士作为英国友谊会送往中国来华助学的教师，1930 年 36 岁的她来到中国，在燕京大学讲授西方史直到 1951 年离开，她先后待了 21 年。贝氏对住小洋楼不感兴趣，愿意住与燕园一墙之隔的成府村中式四合院里。书铺胡同二号便成了师生的"集体宿舍"，自由往来、聚会以及基督徒诵经的理想场所。这个具有美英背景和教会色彩的"友谊中心"（Friend's Center），这个当时"想占多久就给占多久的"书铺胡同二号因此载入燕京大学的历史档案。

1948 年冬解放军第 13 兵团进驻海淀，1949 年 1 月北平区军事管制委员会正式接管清华。1952 年八九月间父亲带着奶奶、身怀六甲的母亲和一岁多的哥哥，一家人搬入成府书铺胡同二号的四合院。当时北房还是海淀驻军部队的卫生室，1953 年前后，部队离开大院，父亲一家从东厢房搬入那排北房。除东西厢房外，作为正房的北房，两端各有一个小耳房和小院。西耳房成了保姆带孩子休息和父亲的书房。这间屋子西面有一扇硕大的窗户，父亲坐在这里看书、写作，窗外摇曳的竹叶和从隔壁探出头的枣树，春天飘着花香，十分幽静。东耳房是一家人做饭的厨房，东边小院里还有一道不可轻易打开的神秘小门，与之相通的是一片幽静的小花园，其中一间小房，据称是当年那些在燕京大学英美基督教信奉者的"灵修室"，解放初一度为部队卫生所放物品的库房。

值得一提的是，当年燕京大学建校时选择新校址的地块为清朝多尔衮睿亲王"中诠园"基地，遭八国联军洗掠圆明园后已近荒芜，此园后转到陕西督军陈树藩手中。司徒雷登考察此园后，曾赴陕西登门"求购"。出乎他意料的是，陈氏只是象征性地收取了6万元，"永远租给燕京大学"。在发启人陈景唐（即陈树藩）等9人签署的约定中特别强调："专供燕京大学学校之用"，并从所收租款中提取2万元"作为捐助燕京大学校经费即将此款交给该校收，请登册勒碑俾垂永远纪念"。

回想20世纪20年代初，在黄沙漫天的京城，司徒雷登先生坐着黄包车，或靠骑着毛驴、自行车与步行，奔走在荒凉的京郊寻找校址并筹措资金买地及建校舍、并在成府村为燕大教职工买房等实属不易。司徒雷登在华期间曾十次赴美为燕京大学筹款，他在晚年的回忆录中写道：为建燕京大学想尽办法在美国各地募集的善款，"美国政府没给一分钱"，以至于他曾感慨："我每次见到乞丐就想到我属于他们这一类。"

比邻燕园的成府一带也多为清朝满族后人的地产，而书铺胡同二号，是当年美国友谊服务委员会在民国初买下的房产，1952年燕京大学与北京大学合并，燕京大学撤销，又最终归为北大所有。

由于成府位于燕京大学和清华大学之间，套用现在时尚的话讲，成府的住房就是地地道道的"学区房"。自民国初叶开始直到新中国成立前后，燕京大学以及后来的北大和清华的教职工包括外籍教师、外侨，在这里购置房产或租房者甚多。成府成了两校教职员、家眷、仆役等人员居住和往来的重要之地，它在燕京大学和清华边上，无声地勾连着、记录着两校的人物与历史。独特的地理位置使然，新中国成立后五六十年代的成府依然是一派人丁兴旺，生意红火的景象。这里饭馆、小酒肆、文具店、理发店、按摩房、照相馆、邮局、信用社、洗衣房、卫生所、修车铺、煤场、豆腐房、日用杂品店，一应俱全。甚至还保留下一所"成府小学"。小学的前身是1915年由清华大学校长周诒春等四位先生发起，教职工为成府附近贫寒居民子女"不负教育之惠"，免于在街市上"拾砖掷石""废学失业",而解囊捐助的贫民职业技能型学校。

当年成府还有一些寺庙,其中一座刚秉庙。据闻刚秉是太监们祭拜的鼻祖神仙,很像关帝庙里的关公。刚秉庙如今为后人所知,大多源于两位清华的逝者。一位是参加1926年"3.18""反对八国通牒国民示威大会",在天安门被射杀的清华学生韦杰三烈士;一位是1927年6月,自沉昆明湖的国学大师王国维。他们两人死后都曾先后在刚秉庙停灵。王国维的长女王东明晚年回忆说:"母亲那时每天都到成府刚秉庙,为父亲棺木油漆督工。"

那时,在成府每天走街串巷磨剪子戗菜刀的、理发的、锔锅锔碗的、卖冰糖葫芦、弹棉花的以及捏泥人的各种吆喝声音不绝于耳。当然,最悦耳的当属每天早晚从未名湖畔小山坡钟亭上那口"大清国丙申年捌月制"(1896)报时钟传来的雄浑而悠长的钟声,令人尽享"金声之美"。

记得当时生活相当节俭,衣服破了都是补了再补,锅碗摔裂了,家里人都到街上找锔锅锔碗的师傅修好。连我小时候腿磕了大口子,也是就近医治、土法上马,家人带我去成府街卫生所给锔上的。当时,成府大小胡同二十多条,其中自北向南就有东西走向三条有名的胡同:书铺胡同、蒋家胡同和赵家胡同,每个胡同都有一两座很漂亮的四合院。

书铺胡同二号,是前后的套院,正院一进门有个小门厅,起到了影壁的作用,使小院更加私密,门厅四周摆着圆桌和椅子,还可以在那里休息待客。迎面有面阔三大间的北房和东西厢房,都建在有三四层高的青石台阶上,四周游廊环绕,院中有两棵大柳树,既蔽日挡雨,又成为喜鹊和小鸟的乐园。平时只要前后院的两道大门一关,门闩一插,庭院深深就是一个与外界隔绝的宁静世外桃源。不过与我家一墙之隔后面还有一个院落,里面空空荡荡,鲜见有人居住与走动,显得很神秘。当时孩子们常常登上板凳趴在小小的后窗户上悄悄地向院内张望。

五六十年代,硕大平房做饭要靠大灶,洗衣物、孩子们洗澡是在两口直径近一米的大锅里。窗户上贴的是手指可以轻轻点破的高粱纸。

冬天取暖，靠的是客厅中一个一人高的烧煤大洋炉，烟囱在几个房间里串着走，就像现在的暖气管道。炉子是哪个时代冬天里平房住家的中心，一家人时常围在炉火旁烤火、聊天。一到冬季来临前，父母都要到成府煤场订下过冬的用煤，特别还要订点山西的大煤块堆在东边的小院里。有一年订到山西阳泉的优质煤，油黑发亮，烧起来火力十足，常常烧得炉筒外壁通红，煤直流油，这让父母大赞不已，今年的煤真好！

20世纪五六十年代，过年是孩子们非常期盼的。在那个物资匮乏的年代，过年意味着可以吃到糖果、肉、饺子和年糕、可以穿上父母买的新衣服、可以放鞭炮。因此每年过大年，成为中国人一年中"最奢侈"和"放纵"的几天。以过去的眼光，现在几乎是天天在过年。

有几件事令人印象深刻：

一是父亲要给孩子们量下身高。他总爱从书架上拿出一本硬皮的精装书放在孩子们的头上当尺子，然后让孩子低头走开画线并标注上时间。于是父亲书房的门背后就成了记录孩子们每年成长变化的展示板。

二是父亲还常常拿出民国初年发行的"袁大头"银圆，作为过年的礼物。几个孩子们高高兴兴地拿银圆跑到北大办公楼的财务室去兑换现金当零花钱。老会计拿着银圆关注地看着成色、听着声响那副表情十分传神。

三是父亲总要买来礼花燃放。那时的老寿星礼花是泥土封口，点的时候要用一把烧红的火筷子捅，当美丽的焰火刹那间冲上院子的夜空，都给全家人带来莫大的欢喜。

由于东西耳房旁各有一个小院，放杂物、堆煤都非常方便。父母为了给孩子们补充营养并给生活添点情趣，还在西边的小院子里养过羊、养了兔子和鸡。那时给孩子们喝羊奶，成了母乳不足的最好替代品。而院中的小动物，也曾几次招来黄鼠狼的光顾。

"文革"中后期，私搭乱建成风，成府的四合院面目全非。2001年北大校园向东延伸扩建，拆掉了成府及书铺胡同等所有的老胡同，也拆掉了许多人心中的历史与文化记忆。现在除了因1934年顾颉刚先生曾在蒋家胡同三号居住并在此召开"禹贡会议"，使该"故居"得以

11-02　翻建的蒋家胡同四合院一角

保留、异地翻建，成为被放大了的新的"史迹"，其他几十条胡同及大院已烟消灰灭。从蒋家胡同三号的旧貌与新颜中，不难一窥当年成府胡同及宅院的沧桑与风采。但这个仅存的院落，只能孤独地栖身在北大时尚的高楼大厦的夹缝之间。

在十分贫困的年代，书铺胡同二号的住户，鹤立鸡群，相当扎眼，走在成府的胡同里，简直就像海外华人、天外来客。20 世纪 60 年代初，

11-03　淑玲与大妹照片

在电灯泡、蜡烛和煤油灯照明的年代，父亲"赶时髦"买来了日光灯，装在大客厅。雪白的灯光把房间照得通亮，招来左邻右舍在大门口好一阵伸头张望。那时生活困难，登门乞讨者不绝。乐善好施的父母，总是解囊相助。当时保姆吴嫂的女儿淑玲姐在父亲的资助下，从远郊外的通县来到北京住在

11-04　20世纪50年代的书铺胡同二号门洞外与2001年拆迁前

我们家里，父母对她视如己出，对她的学习功课十分关心，淑玲姐姐也很用功，每当她学习成绩优秀时，父母亲总是买些铅笔、橡皮或铅笔盒或一件小衣物等给予奖励。后来她考上了刚开始向普通市民开放的北京一〇一中。

在历史上成府曾两度兴盛，一次得益于清朝对圆明园的兴建及短暂的辉煌，后惨遭八国联军浩劫与烧毁而衰落；再一次是随着燕京大学的创建和后来的清华大学、北京大学的崛起。然而，得于斯，失于斯。在北大校园东扩的进程中，成府终于走进了历史，拆毁前，兄妹们曾特地到那儿拍照留念，我也曾带儿子到书铺胡同故地重游。

这里毕竟留下了童年的痕迹、记忆，快乐与梦想。不过，这个当年在儿童眼中的大宅院，现在看来从空间的高度和广度上，却显得已经变小。人的感知实在是个随着岁月的流逝与人的成长在不断地变化着，何况昔日的儿童早已长大并逐渐地老去。

12
西厢房的郑桐荪

12-01　郑桐荪先生

吾辈一直以郑公公尊称的郑之蕃（1887 — 1963），又名鹇序，字仲鹇，号桐荪。这位在清末就考取了公费的留学生，1907 年始先后在美国康奈尔大学和耶鲁大学读数学，1911 年学成回国。曾先后历任福建马尾海军学校、上海南洋公学、安庆高等学校教职，1919 年受聘北京农业专门学校学监主任，1920 年入清华学校任教，成为清华最早的数学教授，1935 年 7 月中国算学会成立，郑桐荪是九名董事之一。1935 年时任清华大学教务长的郑先生曾和梅贻琦校长一起在《清华副刊》上向师生鞠躬，恭祝岁釐、恭贺新禧。

1927 年郑先生作为北平清华大学教授赴英国大学考察，回国后在

《环球中国学生会周刊》上发表了长篇文章《英国剑桥大学学制一斑》。

郑先生晚年长须飘飘，衣着马褂或中山装，鼻子上架着眼镜，平时上身喜穿一件黑色坎肩，气度不凡，很有当年"民国"、"名士"的风范儿，他曾是清华算学系创始人、算学系主任，西南联大的算学系教授。华罗庚晚年特别在报刊上申明："破格提我为助教的是郑桐荪教授（陈省身的岳父）。"

郑公公学识渊博"文史诗词无所不窥"，人称"通儒"。郑公公的大儿子郑师拙 1947 年赴美国留学。1948 年底应普林斯顿高级研究所所长奥本海默之邀，郑公公的女儿郑士宁带着几个月大的陈璞，随丈夫陈省身举家前往美国。次子郑志清 1950 年去美国读生物化学，早已过了花甲之年的郑公公，特地将他送至北京前门火车站，火车已开动他仍久久立于月台。未出三年郑公公先后送别了身边的三个儿女。儿女们的下一站是美国，他自己呢？

"父母在不远游"，子女却纷纷离去，如何尽儿女之孝？这多少有些令人费解。不过，在社会激烈变迁、动荡的历史关头，郑公公还是担心子女今后的学业与前程。至于自己"膝下空虚"，晚年的孤苦，看来他并没有过多地考虑。新中国成立初，组织上"希望郑先生给陈省身写信，劝他回国工作，而郑先生坚决不写。因为他认为陈省身回国就搞不了数学了。"而陈省身在 1950 年 1 月 8 日，致徐利治的信中说："近友人又信电促归。弟本无意在国外久居，但怕回国管行政，以致踌躇观望耳。"婉言回绝了归国之邀。

陈省身 1926 年 15 岁考入天津南开大学，当年在《扶轮》杂志上就发表过几何学论文与小诗，其中有《纸鸢》一首：

纸鸢啊纸鸢！我羡你高举空中；可是你为什么东吹西落的不自在？莫非是上受微风的吹动，下受麻线的牵扯；所以不能干青云而直上，向平阳而落下，但是可怜的你！为什么这样的不自由呢！原来你没有自动的能力，才落得这样的苦恼。

不想像风筝那样被线束缚着，怕管行政，从这首早年的诗里不是已经找到答案？

西厢房的郑桐荪

在事业与家国有时难以两全时，翁婿二人都认定了前者。然而，陈先生这位当年的留德博士，在抗战的烽火中，却是毅然归国在西南联大持教、著述多年。回国还是不回国？在中国近现代留学史上，一再成为不少海外学子内心十分纠结与痛苦的一种抉择。得耶？失耶？是耶？非耶？并不是用一句"爱不爱国"可以评判的。国家与制度、权力之间的复杂关联并不能简单地画个等号。

或许因为我们的生命中有那么多周而复始、有那么多明日再见，使人们有意无意地看轻了、忽略了太阳每天都是新的，而"那一天"有可能就是最后、就是唯一。

始料不及的是1950年郑公公送别亲人后，一家人再无生聚。他是否想到这一次次送行，送掉了一段段人生？时隔二十多年，1972年中美关系交往的大门重新打开，当他的女儿、女婿携外孙女儿重回到国内故里，已是孤老病终的郑桐荪先生过世十年之后了。"生未能养，病未能侍"，郑先生和夫人合葬苏州的墓地也毁于"文革"无从寻觅。这正应了郑公公次子志清当年诗中的那句："临时握手依依别，已识重逢只梦游"。

新中国成立后孑身一人的郑公公便和父亲同住在清华西院，1952年秋郑先生退休恰逢院系调整，又和父亲一起从清华西院搬到成府书铺胡同二号，从此我们两家又相伴为邻十余年。郑公公房间里客厅的写字台上摆着文房四宝，狭窄的门厅四周上方挂着名人大幅彩色画像，好奇的吾辈只认识里面的大胡子马克思和恩格斯，以及列宁、斯大林。据曾去串门的周先庚之子周文业回忆，领袖像中还有阿尔巴尼亚的恩维尔·霍查。客厅兼书房里的西墙上则挂有一幅他和夫人曹纯如的画像。

父亲和郑先生既是清华数学系的同仁，又有长兄、师友之谊，俩人亦师亦友，总是有说不完的话题，父亲下班后常常径直走到郑公公家小坐，俩人交谈甚欢。我们几个孩子自然没大没小，常常赖在公公家玩耍，郑公公写毛笔字时，学着在砚台上研磨，或旁听大人谈天说地，纵论古今，不肯回家。郑公公对我们这些小孩十分喜爱，经常带着一两个跟他出去串门。那时，经常来到府上看郑公公的有他的两位亲戚，北大生物化学家沈同教授和哲学系实验心理学家周先庚教授。此外还有曾师从陈省身和江泽涵，在院系调整时从清华到北大数力系任教的"怪才"李同孚。吴宓也在 1961 年 9 月 11 日的日记里提到叶企孙带他访郑桐荪，郑先生送油印本的诗文等，近 2 个小时谈诗论史，吴宓讲"相见甚欢"，并有"足见郑公史学用功之深且勤也"的慨叹。

家住成府的原燕京大学历史系教授邓之诚先生晚年也是郑公公家的常客。在他的日记里多见"晨访郑桐荪"的字样。1957 年 7 月两则日记有："郑桐荪来访，赠竹垞朱氏墨一丸，极佳。"（注："竹垞"，清代学者、词人朱彝尊的号，竹垞朱氏松烟墨是名墨）"晨访郑桐荪，赠新印《西湖画册》，以报竹垞墨之惠。"另有"书铺胡同二号有凌霄三株"的记载，足见邓先生与郑先生关系甚笃，对这里相当熟悉且印象颇深。

郑公公爱吃江南的饭菜，我奶奶有时就给他做一个，让保姆或我们孩子用红色木漆托盘端过去。馋嘴的吾辈常常以送饭为由，半路"偷食"。郑公公是东西合璧，一边沏着中国浓茶，一边忍不住在小炉子上煮着飘香的咖啡，过过瘾。另外，公公肠胃不好，可他很喜欢吃烤馒头片，相信香酥爽口略带焦煳的烤馒头，可以中和胃酸，有助于消化并保护胃黏膜。公公的这个嗜好无形中影响了我，我至今仍好这一口。

郑公公和柳亚子同庚，是江苏吴县的同乡，也是清末柳亚子和陈去病、高旭发起的以诗歌创作为主的反清爱国文学团体"南社"的成员之一。郑公公的妹妹郑佩宜 1906 年嫁给了年长她一岁的柳亚子，内兄之谊使俩人的关系更近了一层。喜欢文史诗词的郑公公常常与柳亚子赋诗酬和十分投缘。柳亚子对郑公公的诗才评价颇高，他曾在一首诗中写道："只信少时娴数理，谁知晚岁究词章"。并在《赋呈郑桐荪内兄索和》的诗句下加注云："桐兄研精数理，不以文学名，实则见解甚深刻余所不逮。"

1958 年柳亚子先生病逝，郑公公对妹妹更是多有关照，不时从成府赶去看望。我们这些孩子就成了跟他一起出门的随行和"小拐杖"。

20 世纪 50 年代末 60 年代初郑公公虽年事已高，但身体和精神很好，腿脚也很利索，常常带着几个孩子到北大西门挤公共汽车。据闻郑公公年轻时就很注重养生和锻炼，有教员在《清华暑期周刊》上撰文说他："冬日则溜冰。夏日则浮水，春日上西山"。可见那时打下的底子不错。

海淀的淀字有"浅水"之意。五六十年代，北大、清华周边荒野、农田随处可见，是处在远山近水间的一片村庄野景之中。那时从海淀燕园进到西直门内才算进城，路途有十余里之遥。北京的内城被一圈封闭的古城墙所围，西直门每天早上开门迎客，傍晚都要关城门送人。作为水门的西直门，在 20 世纪五六十年代初，仍然可以看到拉冰块送水的马车。刚解放时，全北京共计有轨电车 103 辆、公交汽车 61 辆，全市运营线路只有 11 条。到了 1956 年底，全市公交线路增至 27 条。当时从海淀成府进城的唯一一趟公交车是 32 路，60 年代初老旧的车型改为从捷克进口的斯柯达客车，往返于西直门至颐和园之间，每天汽车开进西直门内掉头返回，西直门瓮城内则为有轨电车调车场。城外的人要出城，必须赶在末班车和城门关闭之前。

柳亚子一家 1950 年 9 月搬进了北长街 89 号，优雅的四合院闹中取静，它东南临故宫、天安门，靠着筒子河，西北面是景山和北海公园，柳亚子先生十分中意。而这乔迁的新居还有毛泽东主席亲笔题写的匾额"上天下地之庐"。是月恰逢国庆，柳亚子在日记中写道：国庆放烟火，"余倚筒子河畔洋台上看之，水中倒影，顿成巨观，爆裂声尤令人兴奋也"。柳府上如常是高朋满座，谒见者不绝。作为内兄的郑公公每月也要造访几次并帮助照应着宾客。柳亚子的日记里不时记有："桐荪兄来"、"佩妹老兄桐荪来"、"桐兄留宿书房内"等。柳亚子先生去世后。郑公公进城到妹妹佩宜家的次数增多。1962 年郑公公的妹妹去世，他带我们一行人行色匆匆地赶去探望。印象最深的除了身着黑衣一旁垂泪的亲友，就是家中一人高的大瓷瓶中插满了美丽的孔雀毛，以及与院子半人高院墙之隔故宫旁的筒子河。或许是兄妹情深，未出一年，郑公公也因胃出血在协和医院病逝随她而去，享年 76 岁。

郑公公与夫人曹纯如感情甚好，尽管夫人去世时，郑公公才年近五旬，却一直没有续弦。当年柳亚子先生镌刻的那一方"平生不二色"印章，用在其内兄郑公公身上倒是实至名归。

郑公公一家在选女婿上，似乎颇有传承。当年陈省身在清华时，因德才兼备被郑公公选为东床，而这段姻缘的牵线人则是杨武之教授。陈省身晚年曾说："杨先生促成了我和士宁的婚姻，使我一生有个幸福的家庭，成为我在数学研究中取得成就的重要保障。"

郑公公的女儿郑士宁嫁给了陈省身

12-02 郑先生晚年

博士，他们的女儿陈璞这位获得过美国经济学博士的才女，嫁给了朱经武博士。朱经武在纪念岳父大人的文章中曾讲道：陈先生将他们唯一的女儿托付给一个来自异乡台湾的农家子弟，反映他们相信自己的女儿。朱经武先生后来才知道陈先生曾托好友杨振宁先生向自己的导师打听情况。得到导师的回答是："Pau 很聪明，但 May 更聪明"（朱经武很聪明，陈璞更聪明）。朱经武说，"对于陈教授，这一定是一个满意的答复"，因为"在智慧的阶梯上，物理学家要比数学家矮一截。而数学家的智慧也会传递到他的女儿"。陈璞的确聪明且慧眼不凡，朱经武后来成为世界著名的物理学家、曾任香港科技大学第二任校长。翁婿两人还先后获得美国总统颁发的国家科学奖，这一家人的生命血脉相交，在学术上也是比翼齐飞，这在数学界堪称佳话却难以复制。

1988 年在柳亚子纪念馆和吴江县的支持下，郑先生的女儿郑士宁、外甥柳亚子之子

12-03 郑先生和女儿女婿合影

12-04　陈省身和女婿朱经武　　　　　12-05 郑先生纪念册

柳无忌等亲友编辑出版了《郑桐荪先生纪念册》，郑先生的女婿陈省身亲自题写了书名，这本体量不大、印装极简、印数十分有限的小书，却饱含、萦系了至爱亲朋无尽的怀想。

　　1963年10月，郑先生的离去，不久西厢房易主。新邻居北大校医院一家携带为其老父百年之后事准备的一口硕大的"寿材"搬了进来，放到四合院靠南墙的回廊里。每天低头不见抬头见的棺材，让家人心里颇不舒服，也使院内增添了几份阴森诡异的气氛。或许这两件事令父亲心中泛起住忧之情，促使父亲下定决心搬出成府，来到中关园。那时住在北大胡同里的教授搬家还主要靠马车，父亲把家用物品分类打包捆好，并用毛笔写上标签，走时从北大请来的马车班，拉了好几趟。师傅往高高的行李车上甩煞车绳，父亲押车随行的情景仿佛昨日。

　　一家人在成府书铺胡同二号住了十几年，最初一家四口人从清华而来，最后祖孙三代儿女满堂的七口之家全身而退，四合院内的春花、夏柳、秋情、冬韵，也永远地镌刻在记忆里。

13

搬到中关园

中关园是为顺应高校院系调整北大从城里沙滩的红楼迁入燕园，在 1952 年后建成的。1952 年 1 月成立了以清华大学梁思成为主任，北大张龙翔任副主任的调整建设计划委员会。中关园即由清华大学建筑系设计，"北清公寓建施工"的。在成府和科学院之间的一片占地 16 万平方米的三角地上，一排排红砖灰瓦的联排平房，错落有致地分布在一条小河沟的东西两侧，中关园"沟东"、"沟西"的称谓由此而来。这条不起眼的沟在"文革"就近入学中曾发过一次"神威"，"沟西"的学生上了北大附中，"沟东"的只好去上清华园中学。

中关园内种了不少柳树、杨树，各家各户在自己的篱笆圈内也是纷纷种花种草，搭葡萄架。每到春天满园柳絮纷飞、花草飘香，那时从国外回国的教授、副教授等不少聚集在此。许多教授不但学有所成，而且带回了外籍的洋媳妇，中关园里活蹦乱跳的孩子中就有不少混血儿，中关园不仅有教授之家的称谓，而且成为当时"国际化最高的"北大家属区。

由于园内都是北大相同院系的教职工和年龄相仿的孩子，这些同班同学、哥哥姐姐、弟弟妹妹们每天总是结伴上学、放学后在空场上玩耍或是东家走，西家串。园区内绿树成荫，百货店、粮食店、食堂、幼儿园一应俱全。这真是当年规划得相当雅致和具有人性化的居住园区，也是当时唯一一个不是以燕南园、蔚秀园等晚清命名的北大八大园区中很有特色的一个。中关园的这片平房和现在住在高楼大厦里比邻而居，老死不相往来，形同路人的状况形成了鲜明的对比。值得一提的是，中关园沟西中曾有一块燕大公墓，葬有几个传教士，据说司徒雷登的夫人，即是第一位安息者。可惜在"文革"前后园内的一系列施工建设，诸多的墓碑如今已不知所终。

20世纪五六十年代，中关园聚集着北大包括科学院等一大批著名专家学者。我们家的房前是父亲的同事数学家吴光磊教授一家和翻译家王珉源和夫人张祥保一家，王家的结婚证婚人是胡适，按辈分胡适还是张祥保的"太老伯"；左边是师从德国存在主义哲学大师海德格尔的哲学系熊伟教授，熊先生平时不苟言笑，很有德国哲人的做派。最有意思的是，与他家后面一墙之隔的就是闹翻天的北大中关园幼儿园。旁边邻居是阿拉伯语专家马金鹏一家九口；再往西是经济系教授徐毓枬家，右前是清华大学副校长张子高之子化学系教授张滂家；房后边是化学家唐有琪和其夫人即后来成功做出我国第一例试管婴儿的北医三院著名妇产科医生张丽珠教授。附近还住着化学家张青莲、数学家田方增和经济学家赵靖等。那时一级教授和校级领导住在中关园中仅有的几套100平方米住房，二三级教授住75或54平方米。"文革"之前我家搬入75平方米的新家——中关园20号。入境随俗，母亲从海淀老虎洞买来竹竿编起篱笆圈，院子里有两棵丁香树，还搭起了葡萄架，栽了无花果。让母亲最为得意的是，丁香树浑身是宝，很快就开了花，一到春天两棵开着白花的丁香树香气扑鼻，而丁香叶和细枝子也成了母亲用来熬水护目、洗脸、泡脚的宝贝。

从成府搬来，前后左右住的都是教授，是一个高级知识分子扎堆的地方。用现在的眼光看，这些穿着西服、吊带裤、皮鞋擦得锃亮，骑着英国凤头车，或弹着琴，或躺在摇椅上看书休闲的生活方式，都相当的"西化"和"小资"。父亲携一家人搬到这里也没有了在成府住时，一出门像外星人那样扎眼和周围工农子弟人家贫富悬殊的心理落差。父亲在这里留下了最后的快乐、微笑、烦恼、愁苦、悲愤和遗憾，并在中关园走完了此生。

父亲一生很喜欢老北京的四合院、喜欢平房，喜欢这种出门脚踏实地的感觉和闻到泥土气息的自然环境。另外曾裹有小脚的奶奶年事已高，不便上楼，也是父亲考虑的一个重要原因。那时中关园平房没有暖气、煤气，家家白天要起火做饭，晚上还要封好火，以备隔日能继续开火烧水、做饭之需，尽管家家户户不胜其烦，园中早晨时常是左邻右舍生火做饭，炊烟四起，鸟叫蝉鸣，倒也乐在其中。

13-01　在蜗居后的中关园20号甲家门口

据说当年校领导曾对教职工们讲，这些平房具有"临时住所"的性质。但没承想中关园的平房支撑了半个多世纪。不过，在20世纪五六十年代，这些住房虽比不上北大燕园的小洋楼或成府的四合院，可家里三室一厅另加厨房、贮藏室，卫生间里有坐便抽水马桶、水磨石浴缸，客厅有壁炉，房后每家有专门存放取暖做饭用煤的小屋，这些很有点欧式风格的住宅（有一种说法是模仿苏联的建筑）在20世纪50年代标准还是相当先进与时尚

13-02　中关园（油画），1974年，徐冰

的。有意思的是，"文革"之时，全国红卫兵大串联，家里接到学校居委会通知，专门腾出一间东屋打上地铺，迎接祖国各地来的红卫兵小将们。白天他们出去看大字报、"闹革命"，傍晚回来母亲和家人还为他们烧水洗脸、洗脚。"文革"中后期北大教职工陆续从江西鲤鱼洲的"五七干校"和汉中分校等返回燕园，为了解决教职工住房紧张，在"文革"中这批50平方米以上的平房，几乎每户都被分割成两半，同一个号就有了甲乙之分。两家十余口人不得不共用一个洗手间。"文革"中有个时髦的词叫"掺沙子"，意为在同类中放入异类。为了在这些教授、知识分子居住地"掺沙子"，我家两边就住进了工农干部背景出身的教职工。

弹指间半个世纪过去了，中关园20号也随着中关园平房在2002年最终被彻底拆除，父亲生命中最后的驿站随之烟消云散。不过这和被拆除的有二三百年历史的北大成府及书铺胡同等老建筑相比，和拆除明清有五百多年历史、有四十公里长的北京内外古城墙以及古城楼、古建筑相比，根本算不了什么，不足挂齿。这些平房该拆的还能不拆？如今中关园已经物是人非，中关园也更名为"北京大学中关新园"，但中关园的大名犹在，它的故事，它的历史与文化仍留在许多人心灵的记忆里。

真是很奇怪，人到一定年龄，做梦有时会给你带到几十年前，甚至是童年。记得就曾梦回中关园20号，可平时再熟悉不过的家却到处找也找不到了。也难怪，旧时的庭院、旧时的垂柳，旧时的篱笆与满树丁香花，寻找童年与少年时的故居与生命足迹，如今只能停留在美好的记忆和残缺的照片里。梦中不见，或许是因为作为当年居住过的成府书铺胡同和中关园的一排排平房早已不复存在。故乡与故居的情结，在一个人心灵中特别是在一个幼小与青少年心灵中的位置真是不可低估。

我小学同班同学徐建的弟弟徐冰，就是从北大中关园走出去的著名画家，这幅相当传神和富有韵味的油画中关园冬雪，将昔日中关园的美景永远地定格在画面中。

14

喜欢那个弹钢琴的

　　母亲朱敬一的祖上朱肇询是清道光年间的文林郎，是个家业丰富，有七品衔的散官，可能也就相当现在的科级干部。到母亲父辈时家境一般，母亲虽算不上山东济南大名府的大家闺秀，也称得上小家碧玉。其父朱景东为省立第一师范毕业，先后任小学教师、学监和校长。张静淑是母亲的生母、姥爷的原配，母亲排行老二，因生母和继配均早逝，姥爷两次续弦。母亲生长在教师之家，学习和生活还算条件不错，加上有校长父亲的耳提面授、言传身教，不但成绩不错，还学会琴棋书法。母亲练就一手好字，风琴也弹得相当好，当年上学时曾被叫到广播电台现场演奏、录音，曾以一首《少女的祈祷》名噪山东广播台。1948年在济南女子师范学校毕业后，被保送北平师范大学的音乐系，后因不适应北京冬天的寒冷气候，弹琴的琴房太冷，母亲冻手、冻脚，无法继续弹琴就转到教育系，直到毕业，母亲就没回过济南的家。据小舅讲主要原因一是经济拮据，没有钱支付路费，有时甚至连邮票也买不起，写家信也要考虑，当然这也有物价飞涨的原因在起作用。二是由于战乱的原因。1948年9月济南市解放，而北平还是国统区，想

14-01 母亲与女同学照片，前排右一

回济南也不可能。于是母亲那一批从山东被保送来师范就读的师范生，后来没有一个回到故乡。1950年母亲结婚不久刚刚工作，又接连生育子女难以脱身。加之生母的早逝，也让她感觉像出笼子的小鸟。这诸多的因素使母亲自进了京城嫁到闵家就一直没有回过山东，直到40多年后父亲15周年之祭，才重返故园。

母亲虽个子不高，但人长得清秀、漂亮可爱，又会弹一手好琴，在师大上学时不乏追求者。父亲和母亲认识前独身一人，多年来既要照顾娘，又要关照两个妹妹，个人的事一直无暇顾及。1945年父亲只身一人去英国留学，已经三十出头，到了谈婚论嫁的年龄。父亲在英国留学时认识了同乡熊式一（1902—1991）。熊先生家原籍江西南昌，曾在国内专修英文，由于民国教育部对正教授的资质要求甚高，这个在他看来"愚蠢的规定"却让熊式一心生"感激"，下定决心冒险跑到英国，熊式一专修英国语言文学专业，并在英伦开启了他的双语写作，他深入英国剧场观看戏剧，揣摩当地人的戏剧语言和观众心里，练就了十分地道的英式英语，成为中西戏剧文化交流的先驱者。熊式一出版的一本英文书《王宝钏》受到英国各界广泛赞誉，销路大好，后将其搬上英国的舞台，一时间观众潮涌，熊先生一剧成名，既发了财，又入了英国籍。

父亲留学英伦以同乡之谊常到他家拜访，熊先生希望父亲搬到他家住，并为他的女儿和两个儿子补习中文，讲授《大学》和《中庸》。父亲虽没有搬过去，讲授儒家经典和中国古代文学的任务却应了下来，这段经历也引出了一段恋情。父亲一位同在牛津留学的人讲，熊家的女儿对他有意，这个不实的信息却令父亲心旌摇荡，写信给熊女，遂钟情于熊式一在牛津大学学英国文学的女儿，但熊女小他十岁，对父亲虽有好感但不解其意，亦无此心。你爱的人不爱你，爱你的人你不爱，这本是爱情世界的常态与无奈。这段碰了钉子、以失败告终的恋情，遂使父亲心志沉沦受到了很大的刺激。后来他在别人劝导下走进了附近的礼拜堂，在聆听《圣经》的宣讲和在教堂做礼拜中，才终于释然，调整了一个时期父亲终于恢复正常。

一般男人能真正读懂女人的语言或非语言信息的并不多。连研究

14-02　父母结婚照

14-03

一辈子心理和女人的弗洛伊德仍坦言搞不懂。当年弗氏求婚时面对学习文科情敌甜言蜜语、能言善辩的竞争者，颇感压力自叹不如。父亲也是个情商不高的理科男，不识女人心的人，在很长一段时间里陷入痛苦的失恋中难以自拔。据闻后来追求熊家长女的人颇多，不过这位才女直到回国后也终身未嫁。

1948 年回国后，父亲的婚姻大事又提上日程，当时他被清华大学聘为副教授，同时在北师大兼课。曾经人介绍认识几位女士，其中一位是书香门第，闺教才智，女中佼佼，父亲也属意及之，乃介绍人旋即告以"结婚后须共赴台湾"。离开故土，撇下娘和妹妹，这是父亲绝对无法接受的，于是告吹。

据母亲说有意和父亲见面者曾一字排开，而当时媒人极力推荐一位身材高挑的李姓女士，但父亲还是喜欢那个漂亮、小巧、会弹琴的女子。母亲晚年曾对赵慈庚先生说，"我是第四个，我们是自己认识的，我们是在唱诗会上相识的，我也是教友。"在师大，母亲当时曾在窗外看过父亲上课，父亲也看过她弹琴。不过母亲坚称：起初并不知道这位年轻的先生是清华的教授，是挚友带她到师大数学系教室门口看到课表上父亲的名字和职务后，令母亲"十分吃惊"。

父亲心地善良、相当简单、纯朴。面由心生，尽管父亲年长母亲十几岁，但是其面相和心理年龄都十分年轻，两人在一起显得相当般配。

在每一个女人内心深处都曾憧憬过自己有朝一日，穿上婚纱步入婚姻殿堂的那一刻；而人们都说，女人穿上婚纱时是最美的。1950 年身着西服，打着领结的父亲和身着一身白色婚纱的母亲，在伴随着婚礼进行曲的乐曲中步入了西城区的缸瓦市教堂。这是一座始建于 1863 年由英国伦敦教会兴建基督教教堂，婚礼上的证婚人是教友、时任燕京大学音乐系主任的许勇三教授。结婚时父亲 36 岁，母亲 23 岁，十多岁的年龄差距，让父亲对母亲宠爱有加。

1952 年母亲随父亲调入北大后，曾在幼儿园工作过一段时间，她胸前佩戴上红色的北大教工校徽，曾让母亲十分神气了一段时间。但由于不到七八年的时间里先后生了 5 个孩子，老派的、颇有经济实力

14-04　母亲佩戴上北大校徽　　　　　　14-05　母亲写的字

的父亲和当时不少学者与大学教授一样，把自己定位于"有能力养家"的角色上。所以既不愿意，又觉得没有必要让自己的妻子在外抛头露面地打拼。母亲最后干脆离职回家，做了专职的"闵太太"，这对于母亲来讲多少有些不甘和遗憾。母亲曾对孩子们讲：当年她在中学写过立志独身主义做事业的文章，曾受到老师的好评，结果不仅结了婚，而且还生了一大堆孩子。林语堂先生在 1935 年出版的《吾国吾民》中曾引有经典之语：妻子的最好标准是"要有新知识，而具有旧道德"。贤妻良母、智慧仁慈，直到现在仍然是不少中国男人内心深处挥之不去的情结。

　　没有打印机、计算机，要想多写一二页，只能用拓蓝纸，或者干脆在钢板上刻蜡纸，用油墨印。数学是高深、莫测的数字之学，音乐则也是美妙、变幻的由数字组成的声音世界。或许它们本来就有着相通之处。父亲的手稿不少是靠母亲誊写的，母亲用曾经弹钢琴的手替父亲抄写讲义稿，一写也是十几年。不过在成府父亲还是为母亲买了一架老式的脚踏风琴。

14-06　母亲晚年弹琴照

　　中国女性的付出与牺牲实在是太多，父亲后来对让母亲辞去工作也多少有些后悔。母亲不过是万千普通知识女性、家庭妇女中的一个而已。在一个男权为主的传统社会中，女性的聪明才智与抱负往往在结婚后、有小孩儿后，大打折扣，甚至被家庭生活与时间消磨殆尽。即便在女性解放的现代社会，让女性同时兼顾好事业与家庭，仍然是一个十分艰巨的任务。

15

家中四个带"泉"的孩子

　　听父亲说按照家谱，我们子女这一辈应轮到"振"字辈，后选了"泉"字。可能是父亲考虑娶了山东泉城的媳妇，又是念及《圣经》中的生命之泉、心灵之泉以及基督教灵修书《荒漠甘泉》，使父亲对"泉"字情有独钟。20世纪50年代初还没有实行简化字，于是四个孩子取名依次为：樂泉、惠泉、愛泉、甦泉。

　　在父母心目中确实因儿女的到来，为家庭带来了甜蜜而多样的感受和期盼。姓名总是传递着独特的、耐人寻味的符号信息。乐泉、爱泉不用多说了，生甦泉时母亲大出血，命悬一线。医生问"保大人还是保孩子"？父亲说保大人，结果母子都保住了，算是躲过一劫。《小尔雅》中有："死而复生谓之甦"，于是父亲给次女取名用了个苏的会意字"甦"，意思更为直白。我这个惠泉也起得不错。记得别人总爱问我是智慧的慧吗？我说不是。是会全吗？也不是。我想"智慧的源泉"这一称谓，父亲和我一定觉得受用不起。我的解释总是：希望惠及他人的惠、给点小恩小惠的惠，当然，不是什么都会的会全。

　　新中国成立初期人口中有80%的文盲，为了建设新中国，培养有文化的劳动者,"速成学校""夜校"纷纷成立,识字、扫除文盲便成了当务之急。而中国"汉字形体复杂,笔画繁多。难识难写,排版印刷打字等,亦无一不难"。呼吁汉字改革的提案早在二十世纪三十年代就已经见诸报端。新中国成立后,1956 年 1 月国务院公布的《汉字简化方案》在《人民日报》正式发布,并在全国推广执行,即是顺应了当时的要求。六十年代初人们纷纷将户口本姓名中的繁体字简化。闵字简化为闵,樂、愛、甦几个繁体字简化后的内涵也因此打了折扣。

几个年龄相差无几围在父亲膝下打闹的孩子,书铺胡同二号偌大的四合院成了孩子们娱乐的天地,桌子底下,门背后,贮藏间,小杂院,到处都成了捉迷藏、打闹的战场。一个上有老下有小祖孙三代人的七口之家,究竟给父亲添了更多的快乐还是烦恼?家事的繁多、无端的干扰、"文革"的厄运,这都难免令心系数学、满纸算法的父亲感到身心与家室之累。记得"文革"时一次父亲将鲁迅极具讽刺性的小说《幸福的家庭》的情节讲给不懂事的我听,看来他是心有戚戚焉。

15-01 20 世纪 50 年代母亲与子女坐在成府住宅的窗根儿前

孩子多了,便没有独食可吃,一个苹果往往切几瓣,大家分。父亲削苹果、削梨。堪称"一绝",他不但能将果皮削得一刀不断,而且长长的果皮削完后还原封不动地贴在上面,父亲手下的这一"绝活"曾让他自己颇为得意,也让几个孩子和来访的发小们赞叹不已。

那时,蔬菜瓜果还很少大量使用化学农药,父母总是说,果皮里维生素 C 特别丰富。孩子便围在父亲旁边迫不及待,等着果皮削完,一个孩子抓一段地吃。衣服兄弟姐妹彼此可以接着穿。从

15-02　仅存的全家三代七人合影照

小就知道好吃的应当"孔融让梨"，相互间没有谁独占父母之爱，彼此相互照应、相互打斗、竞争，倒也其乐融融。

　　另外，多子女的家庭，父母可以将自己的文化理念、期许与感悟，通过给子女起名的方式加以表达。于是两子女的用上乾、坤；博、爱；经、纬；宽、恕；三子的用上智、仁、勇；五子女有的用上仁、义、礼、智、信。当然，用建国、卫国的就更多了。此外，多子女或男女搭配，不仅生态平衡，而且从成才角度看，失败的风险大为降低。比如某事，老大不行，还有老二，老二不行还有老三老四。就是父母有病，家里也可以排出一三五二四六的班来。至今我还感慨，心想反正有我哥呢。有我哥学数学、有他这个数学教授，也算子承父业。我们几个弟妹数学即便一塌糊涂，倒也浑身轻松，压力皆无。何况子女多了，也用不着担心独生子女万一有个三长两短，落得父母老而失独的家庭窘状。

16
老五姓了曹

说来也怪，两个姑姑都没有自己的孩子，据说是当年营养不良都得过结核病。把子嗣过继给自己的亲属，在中国传统中绝非少见，并且构成了一种特殊的家庭与亲属关系。况且那时讲究多子多福。既没有实行计划生育，又没有20世纪60年代才开始在世界范围内逐步推广、为人类生育带来变革的"避孕药"抑制生育，有时想不生都很难。所以，只要养得起，营养跟得上，多子多女的大家庭相当自然和普遍。当年不论是在成府街上，还是在中关园的邻居中，生四五个、七八个孩子的家庭大有人在。记得成府有个生九个十个的生育大户，由于家境困难，营养不良，那妇女弱不禁风、脸色蜡黄裹着厚厚的黑棉袄倚门而立，被人指指点点的模样，令人过目难忘。

大姑无子，先是收养了大姑父其四弟家的一儿（取名殷建），父亲本想将家中二女老四，送给大姑，因后来大姑夫家又将五弟的一女（取名殷华）收养而作罢。看到大姑家儿女双全了，三姑也心动了。怀老五时父母商量把这个孩子送给三姑。这样两个姑姑都能有孩子。母亲生老五时又赶上大出血，生命危在旦夕。虽然经抢救，最后母女都保住了。可母亲的身体已不堪一击。产后三个月百天之后，按约定三姑抱走了老五，身心疲惫的母亲终于"崩溃"，开始幻听幻觉喜怒无常，这种状况持续了十几年。母亲被割爱，妈妈成"妈咪"这让她很长一阵快快不乐。一次父亲当着恩师傅种孙先生和老同学赵慈庚的面讲，"这事我倒没什么，可这个妈妈呀，怎么也想不开"。父亲还是低估了这个家庭生活事件的影响。

16-01　姑姑一家三口

老五被送出家门，结果也走得最远。说来也有趣，1972年前后华罗庚先生从国外带来了原版的 A Basic Course ENGLISH 900，曾送给父亲一本，父亲喜欢这书又向华先生要了一本。1972年底1973年初，父亲去天津还专门将一本书送给老五，让她好好学习英语。让父亲和兄妹们始料不及的是，只有她学着、学着，最后随夫君到了美国，并在那里定居。

老五嫁给了倪本文，这位当年李政道先生在国内招的留美物理学研究生。他们的两个儿子先后就读于美国麻省理工，老大倪睿初中毕业时曾获全美初中数学竞赛冠军，到白宫获得总统接见，高中获全美奥数第五名，太平洋国家和地区数学竞赛第七名，全家被请到国会外交厅共进晚餐。老二倪智曾获全州初中数学竞赛冠军，高中十二年级的数学竞赛积累成绩获全州总分最高。高中毕业获得全州教育部颁发的优秀毕业生铜像奖，铜制相片挂在学校里，也是该校

16-02　老五大红一家

老五姓了曹

中學數學競賽 華人包辦冠軍
個人組：芝城倪睿放異彩　團體組：前三名隊伍九成爲華人

【本報記者張惠姿芝加哥報導】第十九屆全國中學生數學競賽（MATHCOUNTS）14日在芝加哥舉行，就讀芝加哥西郊甘迺迪中學的倪睿在下午舉行的個人賽中，展現驚人的速算能力，在前十名一對一「count down」即時搶答淘汰賽中，一舉拿下全國冠軍。

在團體組方面，四名團員均為華裔的加州隊奪冠，第二名為伊利諾州隊，第三名新澤西隊。

華人中學生在該項比賽表現相當優異，入圍前十名個人賽的除倪睿外，有來自加州的Darren Yin及新澤西州的Ryan Ku；而獲得前三名的加州、伊州及新澤西代表隊12名參賽者中，有11名華人。

今年15歲的倪睿在獲得冠軍後，直呼自己太幸運了。倪睿在最後一輪比賽中，一開始即連續答錯三題，在答錯第二題時，倪睿懊惱的拍打自己的頭，還不頂撞的上台跺腳引爆哭泣，觀眾們在大笑之餘，立即以掌聲鼓勵這位地主隊數學戰將，在觀眾的掌聲下，倪睿愈戰愈勇，最後以一題比較數學式的大小，登上全國中學生數學盟主的寶座。

該場比賽的個人冠軍，可獨得獎學金八千元，團體組冠軍，每人可獲二千元獎金。

由全國數學基金會（Math Counts Foundation）主辦的中學生數學比賽，今年共50萬名中學生報名參加；經過地區性競賽後，各州及週出前四名之學生組代表隊，參加在芝加哥舉行的決賽。決賽分書面及即席搶答兩部分，由Yuchen Mao, Grace Li, Darren Yin及David Yin四位華裔學生組成的加州隊，獲得團體組冠軍，伊利諾州隊的四名代表包括倪睿，張凱祥、Jeffery Kuan、Greg Gauthier。

獲得2002年中學生數學比賽個人組冠軍的倪睿（中）和父親倪本文（左），指導老師Croco。（本報記者張惠姿攝）

16-03　孩子获奖

历史上唯一的亚裔男生。为此老五是相当自豪。哥哥感慨地说：或许，父亲血脉中的数学基因，多少遗传到他小女儿后代这一支。据说从遗传学上讲，女儿的智力深受父亲影响，看来能以数学见长的外孙这一辈，兴许多少沾了基因的光。

至于，究竟老大怎么就继承了父亲的眉眼，老二更像母亲的相貌，老大强于数学与逻辑思维，老二可能偏爱文史地理。为何老三随了父亲且像自己的姑姑？总之，发生在每个家族和每个人身上有趣的遗传现象和奇妙的 DNA 基因排列组合与性格，又是个谁能真正说得清道得明呢？

由于当年三姑家住天津、老五在天津，北京—天津便成了闵家一家老少往来的热线。

父亲和三个妹妹感情甚好，二姑早逝，在上海和天津的大姑、三姑与父亲经常走动，既是为了看看娘（奶奶），也是为了看看如父的兄长。同时三姑将老五带来走动，也是让嫂子开心。照片一般不会说谎，一张瞬间拍下的母亲和三姑及老五的三人合影十分传神。老五开心地依偎在三姑身边，两人看着前方。母亲却侧着脸，深情地看着过继给姑姑的小女儿，母亲当时的心情或许是五味杂陈。此时，母女之间是那么近，又是那么的远。毕竟老五已经是三姑家的孩子，毕竟女儿是母亲身上掉下的肉，母女的那份难以割舍的亲情，做父亲的还真无法深切体会。

其实，老五在五六岁的时候，已经从邻居小朋友那里知道自己是抱养的，三姑和姑父并不是自己的亲生父母。这让她从小就比较自立，也让她懂事更早，少有骄娇之气。不过有视如己出的养父母呵护一家人其乐融融，彼此的秘密心照不宣，她一直没有再去认家父家母。直到十多年后，在父亲去世的遗体告别会上，大姑扶棺而泣，哭着对老五说："快叫一声爸爸！"这也许是她有生第一次叫爸爸吧，然而相认的父女已是阴阳两隔。

16-04　母亲、三姑和老五三人照

17

乌鸟私情，孝亦有道

中国古代的传说中，乌鸦长大后会衔食反哺其母。百善孝为先，在我国的典籍中便有了乌鸟私情或乌鸟之情的成语比喻儿女奉养父母的孝心、善举。

17-01　奶奶郑锦棠

孝亦有道，爷爷早逝，奶奶没工作，家中"衣物当卖一空"。三个姑姑还小，父辈不在长兄为父，理当尽长子之责的传统理念让父亲很早就挑起了家庭的重担。他17岁开始用业余时间教中学、给人家补习，以减轻生活的压力，即便是自己重病险入鬼门关，在精神上也不敢倒下，不敢放弃为一家人肩负的责任。这的确和家族谱研究的结果，"一般来说，家庭中出生的第一个孩子最有可能成为过度担当和认真负责的那一个"，"倾向于认为自己对家庭肩负重任"，十分地吻合。

父亲和那些家庭富裕的同学比，不仅"生活上远不如人"，而且也被人看不起，甚至班里丢了书竟怀疑他是偷书贼。当年父亲报考了北大和师大，尽管 1929 年 7 月 31 日北大学院已发布了录取新生的布告父亲名列其中，而师大也发来了录取通知书，父亲考虑再三还是选择了民国时期不收学费的师大，并且一边上学、一边在师大附中代课。那时傅种孙先生对他的才华十分赏识，认为父亲人才难得，并不避讳是江西的同乡，极力推荐父亲到附中任教。这样父亲不但受到了教学的锻炼、成就了他日后立业的基础，而且有了一笔收入聊以养家。傅先生的知遇之恩、关爱之情与提携之举，让父亲一直心存感激。

北师大附中是所开国立中学先河并有一百多年历史的学校。从这所学校走出的校友许多后来都颇有建树。著名学者有：钱玄同、钱学森、马大猷、林家翘、李健吾等，以及父亲和他的学友数学家段学复、耳鼻咽喉科专家姜泗长、哲学家张岱年等都被列入时下北京师范大学附中历史上的"100 个附中人"的名录之中。

以前的大家族非常复杂，没有家谱、族谱，彼此之间的关系就像一团乱麻。父亲常带我和哥哥、妹妹到城里给老姑婆（父亲的姑姑闵洵章）拜年让人记忆犹新。有一年老姑婆做 90 大寿，因为那时不仅要行磕头之礼，还要送上红包祝福。父亲让我写，我在贺礼的信封上模仿标准宋体写了"寿比南山"四个大字，父亲颇为满意。

从清朝、民国直到新中国成立初，北京一直保持着内外两道环绕相交的城墙，形似汉字"凸"字。北边的内城从正阳门、宣武门、阜成门、德胜门顺时针环绕到崇文门再到正阳门一圈，南边的外城从永定门、右安门、广安门、宣武门顺时针环绕到左安门再到永定门一圈。清末民初盛极一时的"宣南"以及江西奉新会馆和国立北京师范大学、师大附中、附小都在宣武门与永定内外城之间。

作为六朝古都北京，一向是民族文化相互融合与包容的城市。五湖四海的人潮涌入涌出，生生不息，也使不少外乡人客死京城。1818年（嘉庆二十三年）《绦行公所碑》中记有："窃惟京都为百行聚集之区，人数日繁。往往有卒于旅次而贫不能扶梓回原籍者，每致无处安葬，骨殖抛残，良可叹也。是以各行或设立义园，或公捐寄费，俾无力孤魂，得存依旧。"

1949 年北京市民政局曾做过较详细的统计，仅河北、山西、江苏、安徽、浙江、江西、奉天等的义园就占地 700 亩，客死京邸的外乡人不少人就葬入各自的义地。民国时期的《江西义园管理规则》中明文规定："凡欲在江西义园葬坟或停枢者，均以旅居北京之江西同乡为限，概不收取地价或房租"。地处宣武区牛街南樱桃园附近的江西义园，对家境清贫需要料理丧事的父亲一家，的确是最理想的选择。赵慈庚先生讲 1937 年"七七事变"后，北平成了混沌之墟，我父亲将祖父等几位亲人的灵枢迁入北京的江西义园后和傅种孙一家南下。北平解放后1949 至 1953 年，政府大规模整治墓地，1956 年殡葬改革开始实行火葬，南城外的一些义园、私家墓地都迁到远离外城的南郊大兴黄村一带。

墓，乃思慕之地，寄托着生者的孝心与深深的缅怀。我们大一点之后，清明时节父亲曾带我们去过几次大兴黄村一带扫墓，显然已不是当年的江西义地。闵家有几位先人埋在这里。那时扫墓要自带铁锹和小桶，好给坟冢除草、修缮。20 世纪五六十年代交通十分不便，从北大成府到大兴黄村一趟单程二三十公里，要换乘几次公交车，大概要花两个小时。至今还记得和父亲在偌大的树丛与香火缭绕的墓地寻亲。不过，经过"文革"十年的动乱与父亲的离世，如今昔日的墓地与祖上的遗骨、墓碑早已不知去向。

奶奶早年守寡，在凄凉与萧条的境遇中，含辛茹苦把几个孩子拉扯大，作为独子的父亲当年也是穿着奶奶亲手为他做的布鞋长大的。父亲对娘感念尤深、报孝之心甚重，与娘的感情也极深。当年毅然决然地回国之举，除有报效国家的一腔热忱、有回报清华厚爱的善念之外，奶奶和两个姑姑，最让他割舍不下。即便父亲成家后，面对心有芥蒂的婆媳关系，他还是执意让娘留在自己身边。奶奶病逝于 1971 年，她的去世对父亲打击极大。孔子有言："子生三年，然后免于父母之怀"，这也是中国古有三年之丧习俗的由来。三年不礼、不乐，视为孝道与回报。奶奶去世时恰逢破旧立新的"文革"，但家父深知古训，大爱无言的他，哀心甚重，也伤其甚深。父亲曾写信告知我，想把奶奶的骨灰安放到有闵家故人的墓地，但未出三年父亲也驾鹤西去。情深不寿，母亲不止一次地感叹：你父亲是孝子之命。

1987 年杨振宁先生带着他 91 岁高龄的母亲去新加坡，采访记者见他们母子感情如此深厚，请他谈谈和母亲的关系和对他一生有什么影响时，杨振宁先生其中就说过这样一段耐人寻味的话："我总觉得，中国旧社会里成长起来的妇女，往往比男人意志坚强。也许，这是因为旧社会对妇女施予太多的约束所造成的。在今天的社会里，老太太们比丈夫意志坚强的例子比比皆是。我觉得这种社会现象是值得研究的。"

体质较弱，生理、心理比男性承受更多磨难的女性，一旦有了孩子往往"为母则刚"。这就是女性和母性的力量。在父亲的眼里，奶奶或许也是那种与自己相依为命，坚强的令人尊敬的女人和母亲吧。

18 ....
一边媳妇一边娘

在家庭关系中，或许没有比婆媳关系更复杂、更微妙、更难于处理的。婆媳关系的好坏，说得严重些往往深深地影响着所有家庭成员

的情感与幸福指数。鲜有婆媳间无争执或"战争"的家庭，鲜有不为婆媳关系头疼的父亲、儿子，男人与女人。奶奶是走南闯北见过大世面的女强人，一个人把几个儿女拉扯大，很是不易。

母亲虽是小家碧玉，但也衣食无忧。尽管罕有居家过日子之长，命中是个需要别人

18-01　奶奶与长孙乐泉

照顾,却不太会照顾别人的人。不过作为"知识女性"却绝不示弱。"家中无真理",婆媳间的口角时有发生。"敬一"……"娘"……父亲常常两边劝和,介乎尽孝于老母与尽爱于妻子二者之间,却往往左右为难。

俗话说"养重于生",谁带大的孩子跟谁亲。长子乐泉从小是奶奶带大,奶奶对他疼爱有加,他对奶奶的感情胜过任何人,他也是对奶奶晚年的健康最关爱的人。所以家庭的纠纷或"战事"一起,他本能地站在奶奶一边,孩子的介入更让夹在中间的父亲十分地难过。

一个有裂痕的家庭,即便不是致命的裂痕,同样也会给家人的内心带来深深地伤害。

风行于宋唐的缠足之习,一直延续到晚清。当年满人入主中原后,从康熙到乾隆都极力反对汉人女子缠足,曾多次下旨禁止汉人缠足。却始终执行乏力,甚至引来满族女子的模仿。这和满人入关后发布的要求汉族男子"剃发令",扬言"留头不留发,留发不留头"的实施效果形成了鲜明对照。难怪史上被时人称之为"男降女不服"。

生于清末的奶奶当年是被裹过小脚的,据她说自己怕疼受不了,又放开一些。因脚裹的不彻底,"三寸金莲"并未达标。小时父母偶尔让我们为奶奶端水洗脚,我对那双骨骼严重变形的双脚不忍细看,唯一的感受是肉乎乎的相当好玩。

奶奶是个意志坚强的女人。她晚年不慎摔断了腿骨,修养了较长一段时间。为了尽早甩掉双拐,下地行走。腿上的石膏拆掉后她就开始躺在床上每天锻炼腿力,一上一下地做伸屈腿、举腿动作。奶奶的床放在朝南靠窗边上,为的是接受阳光的照射,补充钙质。不过由于窗户临着中关园一条南北走向的主路,房间里老太太的腿起、腿落,一时间成为路人透过窗户看到的奇特一景。

"多年的媳妇熬成婆",当妈的总爱念叨中国古话:"别娶了媳妇忘了娘。"当母亲终于变为婆婆之后,母亲总讲:"近不过夫妻,亲不过父母。"成家后才懂,自己的妈可不是媳妇的妈,父亲那时夹在两个爱自己的女人中的尴尬。母亲也终于体会到当个婆婆同样着实不容易。或许婆媳原本就是两种不易共生"物种"、无法共养的"同类"。婆媳难处，也许这是古今难题，中外同理。难怪习惯于小家庭的西方人甚至认为，"婆媳在一起超过一顿饭的时间都是不科学的"。而长相厮守，婆媳关系的失和，也使本该温馨的家庭大为失色，甚至会被复制到子女新一轮的家庭关系、婆媳关系之中。

家庭中的氛围实在是太重要了，它正面的、积极因素的建设性作用和它负面的破坏性因素对人、特别是对子女幼小时心灵的伤害，往往无法平复。

"家门和顺，虽饔飧不继，亦有馀欢。"家和万事兴，房子再大、财富再多，都比不上一个爱意浓浓、温馨和谐的家、一个简单、美满的家。很是佩服四世同堂仍其乐融融的大家庭，如若失去了宽容、谅解，各个心中无"忍"，个性张扬，互不相让，正常的家庭矛盾就可能升级、变质，岂能四代而居？好在这种大家庭的生态与人际模式，已经难以寻觅。

父亲作为一家之长，他的责任与压力的确很大。在家中父亲虽然很有威严，但并不是听不得他人意见，不讲民主的旧式家长。记得"文革"时，社会上乱乱哄哄，家中也时有波澜。为了化解家庭矛盾，父亲专门把同事、当年西南联大的老友冷生明先生请到家里来，主持召开"家庭学习会"。冷先生慈眉善目，儒雅谦和，他在北大数力系就自谦为"学生家长"，循循善诱、春风化雨，是个很会做思想工作的人。父亲和冷先生晚年交往甚多，两家关系也很近。父亲和家人对冷先生一直十分敬重。父亲曾来信对我讲，开过几次学习会，"大家谈出了要说的话。我们大人虽然思想不解放，总算好好听了意见，懂得了一些孩子们的情感。孩子们说出了自己的话，也愉快了一些。"

现在回想起来，其实一个家庭有矛盾是很正常的，矛盾的原因也很复杂。抛开某一个具体家庭来说，那时十四五岁的孩子正处于青春期、叛逆期，此时又恰巧与"文革"相遇，"红卫兵"一代激烈地造自己父母的反和造别人父母的反，这恐怕也是原因之一。

19

会馆·张勋·天桥

　　父亲出生在北京宣武门外果子巷奉新会馆北馆，比邻前门、天桥。在长辈的熏陶下从小就对老北京的京剧情有独钟。他对京剧的喜爱有时情不自禁。高兴时一边思考、演算着数学问题，一边哼着小曲，一副悠然自得的样子。父亲爱看京剧，常常带全家徒步去清华或北大的礼堂看戏，但听到几轮"大衣台、仓台才台，仓台、才"，我已睡着了。

　　父亲当年曾在宣武门外果子巷羊肉胡同的江西奉新会馆住过，早年父亲的祖父也曾在会馆隐居。会馆始于明，极盛于清，光是江西在京城建的会馆，就有 65 所之多，居各省之冠。

　　会馆最初是外省人同乡进京参加会试、殿试及办事的落脚之处。在科举时代主要是为本地应试的举子提供住宿，在这里备考及静候榜音。每当会试之时，"各省聚集于北京者'万数千计'"。

　　1648 年（顺治五年），清朝实行"旗民分治"，内城商民人等尽徙南城，于是宣南成为汉人首选的居住之地，这便为宣南繁荣创造了绝佳的机遇。当时兴盛的会馆"不仅是一个建筑实体"，它还是一条纽带，"将旅居士人的精神世界与原籍的文化连接起来，在远离家乡的京师形成一片属于自己的地域文化空间"。

晚清林则徐的好友抗英禁烟派人物梁章钜既是一位贤达的"清客",亦是精于诗文和楹联的高手。他给福建会馆撰联中就有"上可通御气","下可忆乡风"的点睛之语。而宣南一带聚集的会馆就有二百三十几家之多,受到会馆和士子的影响,在清末兴学之时,继1898年创建"京师大学堂"之后,1902年(光绪二十八年)又设立了"京师大学堂师范馆"、创办了"五城中学堂"即后来的国立北京师范大学附中。位于北京宣南琉璃厂厂甸的"师范馆"和"五城中学堂"也是得了风气之先。

京剧在清末民初达到鼎盛,京师的戏庄、戏园以及京剧名角多在宣南,不少名伶大家奔走于宣南的会馆之间登台献艺,梅兰芳等就经常在江西会馆彩排、并在堂会戏上与余叔岩合演《打渔杀家》。士人的文化生活从戏剧可窥其一斑。如江西会馆的柱联上篆刻着:

江乡凤号文章节义之邦　即兹歌舞升平教忠教孝

都邑自是政事人民所会　忽而楼台涌现可观可群

京城的几所江西会馆的建立,曾得益于清末江西奉新籍的官员张勋(1854—1923)。张勋,字少轩,出身贫寒,几经磨难,走出江西,后因结识了李莲英并得到慈禧太后的赏识而走运,先后成为率领御林军的九门提督、江南的提督、清末的大臣和北洋军阀。张勋后因在1917年7月上演了12天的清廷末代皇帝宣统复辟丑剧,留得一世的骂名。

不过,张勋多有义举。他布施乡党、在家乡捐资助学、修路建桥,并爽快出手上万白银和其他江西籍在京人士包括父亲的祖父闵荷生等同伙,建立了江西会馆和奉新会馆,当时奉新会馆在宣南一带有东南西北中五处,有房产近80间。为进京办事与游历的江西同乡提供"护集之所"食宿的方便等诸多善举与乡谊之情,不论出于什么动机还是被人们称道。

知父何年

有"民国四公子"之称的张伯驹,晚年于役长春曾携诸友人编著《春游琐谈》其中裘文若(伯弓)撰写的《张勋轶事》提到张勋与曾祖父闵荷生时说道:作为同乡的曾祖父为其分担债务,"遂结为兄弟"。文中并有张勋"复辟之举,不听闵劝,以致失败"之语。其实,劝者甚多,固执的张勋知其不可而为之,自我标榜的不过是"孤忠大节"。他错判形势以为祭出"以纲常名教为精神之宪法,以礼义廉耻收溃决之人心"旗帜兴复辟之举,就"可抵百万雄师"。

辫帅张勋与革命党人孙中山明显是一对政治上的冤家对头,不过孙中山先生 1917 年 7 月 31 日在致广西督军陆荣廷的一份电报中对张勋却有这样的评价:"张勋强求复逆,亦属愚忠,叛国之罪当诛,恋主之情可怜。文对于其真复辟者,虽以为敌,未尝不敬也。"

1923 年张勋去世,在 1924 年天津博爱印刷局印制的《奉新张忠武公哀挽录》中收入祭文、挽诗、挽联共八卷有几百条之多。作为同乡的曾祖父亦有四则其中一条为:

乃心罔不在王室　明德之后有达人

曾担任过民国第一任总理、1917 年 7 月发电讨伐张勋的熊希龄有挽联云:

国无论君民惟以忠心为大本
人何分新旧不移宗旨是英雄

或许这幅直面"做人",超越成王败寇,护名节而胜于功名的挽赞之辞颇有几分代表性。这也令人不禁想起鲁迅先生曾感叹过的"中国一向少有失败的英雄,少有敢扶哭叛徒的吊客"那句名言。"识时务者为俊杰"在中国

19-01　张勋

19-02　张勋致闵少窗手札

的负面效应不可低估，一个社会有多少其信奉者，就免不了会有多少人失去做人、做事的坚守，甚至成为望风而降或落井下石的小人。

曾祖父年长张勋两岁，作为同乡交情颇深。70岁生日时张勋专门请江西同乡"戊戌进士"杨昀谷（1860—1933）代为撰写祝福的寿联，可见那时曾祖父与张勋、杨昀谷深厚的乡谊之情。

2015年保利10年秋拍张勋的书札，其上款人就是曾祖父闵荷生（字少窗）。张勋以哥、兄称之，信中商讨的正是当年在京城出资建会馆等事宜。

其实奉新绝非因张勋而得名，奉新山川秀丽，风俗淳朴，人杰地灵，古代南唐的梧桐书院、华林书院闻名遐迩。徐应云在《梧桐书院记》中有"先生兄弟筑精舍于山之阳,以礼仪之学授之徒"的点睛之句。江西奉新，早在明万历年间就出了一位写下《天工开物》的中国古代有名的科学家宋应星。一个小小的地方县，出了宋应星和张勋两个曾被写入中小学教科书的"大人物"，据闻全国只有江西奉新县一例。而从奉新走出的进士，新中国成立后的院士、教授人数甚多。

奉新会馆，不仅成了父辈们交际、住宿的场所，也由于会馆比邻琉璃厂、前门、大栅栏和天桥一带，独特的南城便成了达官武人、商贾小贩、文人骚客、莘莘学子、市井流民以及艺妓等三教九流穿行、汇聚杂处之地。一块奇特的地域，勾连起老北京高雅与低俗：琅琅读书声与酒色喧哗、书肆文物与市井娱乐及消费的有趣链条，这种城市生态多少有些像南京夫子庙（孔庙、学宫和贡院）比邻着十里秦淮河。

　　琉璃厂离与宣武门外南新华街厂甸胡同里的国立北京师范大学、师大附中、附小一箭之遥，离大栅栏、天桥不过几里路。曾在这里度过童年，上过中学、大学并教过课的父亲，受到南城文化的耳濡目染，当年在会馆或去天桥听戏、听相声、看杂耍，逛琉璃厂都是师生们的可选项。天桥光是戏园子就有近三十家。1949 年后的五六十年代，父亲也禁不住带孩子们到会馆的原址看看，并坐上从前门至天桥的铛铛车（有轨电车）去看"天桥的草根艺人"练的那些绝活。天桥"圈地为场"、"支棚为屋"，有说相声评书的、拉弓射箭的、表演硬气功的、爬杆的、抡大刀的以及耍猴逗熊的。各式把式的场子都有白布相隔，观众挑帘而入，场内的观众坐在马扎上或条凳上，场内的伙计们手端托盘，到处转悠，夏天天热哪位示意要擦汗，伙计嗖的就把"毛巾把儿"飞过去。付钱时，将钱投到帽子、盆里或干脆撂到地上。在学校圈子里生活惯了，拘谨文弱的学童，一时还真适应不了这种江湖上艺人杂耍的阵势，和那些酷似江湖道上的言语及凶悍的目光。有时一场没看完，父亲已拉着我们转场或走人。好奇的吾辈始终只是在关注着场内的一招一式，至于此时父亲的心情和神色却从未留意。现在想来，父亲早年曾在这里就学、教书，他到这里自然是轻车熟路，究竟他是来寻觅过往挥之不去的生存记忆、平民生活的本色？还是让小儿见识、见识百姓的市井生活？抑或是兼而有之？已不得而知。但无论如何，从北大未名湖畔、成府书铺胡同的宅院走到这里，另类的都市人物与景观已经深深地印在我幼小的心灵里。

20
老子"不管"儿子

有人说北大的"传统"是老子"不管"儿子，孩子基本"放养"。这虽然不是"铁律"却有相当高的代表性。1988年夏末我随母亲在山东参加纪念父亲去世十五周年的学术研讨会，席间在饭桌上就闻得父亲的学生、曲阜师范学院的邵品琮教授模仿口吃的数学教师讲课的段子和笑话令同桌的人听的捧腹大笑，许多人甚至笑出了眼泪，这让人近距离领略了一类幽默诙谐的数学家。

其实数学家群体中也是才华横溢、多姿多彩的。像陈景润先生那种类型的学者毕竟还是极少数。记得父亲晚年曾提到当时和他一起在河北徐水646工厂搞地震数字勘探技术的程乾生——这位头脑敏捷、精明干练、口才极佳的程乾生，父亲说他，被誉之为"北大数力系的'基辛格'"。

邵先生在席间还即席发表了一则高论："北大土壤好、老子好、种子好，就是气候不好。"

说来也是，北大始终运动不断，并常常处于全国性风暴中的风口浪尖上，而每一次都伤得不轻。北大教授之子，命运多舛，真正子承父业的并不多。更不用说"文革"中，以及"文革"结束初期，北大教授的儿女们食堂卖饭的、商店卖肉的、修车开车的，干什么的都有。

曾住在北大燕东园后搬到中关园2公寓的哲学系洪谦教授，当年师从德国哲学家石里克并在那里获得博士学位。其长子洪元颐早年上的是北京矿业学院，学的是电气自动化专业，后来成为一位知名的电气设计专家，次子洪元硕，从小就喜欢踢球。他父亲起初并不同意，经人劝说洪先生仍有不甘。但毕竟是见过大世面且相当开通的人，最终还是依了他。洪父说：只要你愿意、开心，就去做。洪元硕球踢得确实不错，从少年队到国家青年队，再到国家队，最后做到北京国安队的教头，并带队国安拿到首个中超冠军，洪元硕随后才收山。

在"文革"出身不好的知识分子"老九们"和被整肃的各级"当权派"，自身难保又恰逢学校停办，"读书无用论"甚嚣尘上，教授们自己都变成了一条虫，哪还有授业儿女望子成龙的执念？他们大多都错过了教育子女的最佳时期，其子女也成为被彻底"放养"的一代。

被扭曲的时代，被扭曲的父母，也使他们的子女们缺少了正常的关爱。

说老子不管儿子，更多的是指不干涉子女的爱好，不强人所难，尊重儿女自己的兴趣与选择。但父母的言传身教或不言之教，也是一种管教方式，甚至是更宝贵的精神财富。大哥生性倔强，从小是奶奶带大，祖孙俩人感情甚深。哥哥大了对奶奶也关照颇多。奶奶患病离去时，他还在内蒙古插队，得知奶奶去世而又未能让他见上最后一面，这的确有些失之情理，这也让大哥始终难以释怀。

那时我们兄弟二人都响应毛主席知识青年"上山下乡"的号召，一个1968年去了内蒙古东北部的白城突泉插队，一个1969年"参军入伍"到了地处内蒙古西北面的乌拉特前旗北京军区内蒙古生产建设兵团二师十一团。

在内蒙古白城突泉插队的大哥条件非常艰苦，用水困难，洗漱从简。乃至平时想洗个热水澡都几乎是很不方便的。记得一次他冬天农

老子"不管"儿子

20-01　乐泉农村插队照

闲回京，一身长满了虱子，回家的衣服又是在室外冷冻、又是用开水煮，忙得不亦乐乎。由于营养不良，一张骑在马背上的照片一幅马瘦毛长人消瘦的模样，很是令人心疼。

在"文革"中期，"抓革命促生产"成了报刊标题的高频语录。1971年2月，在全国计划工作会议上确定"1971年计划招收固定工144—155万人。招工资源包括经过劳动锻炼两年以上的上山下乡知识青年"。1971年{71}91号文件"国务院关于改革临时工、轮换工制度的通知"以及此后1972年12月20日，李庆霖以"告御状"的方式向毛主席讲述下乡知识青年受到不公待遇的影响，这都促成了最早的推荐"接受再教育"中表现好的知青被招工进厂、入伍当兵、上学和返城潮的到来。对于那些知青包括"可教育好的子女"也实行了一个"新政策"，一家凡有两个子女上山下乡在农村的，可以调回一个或进工厂。

这一特大喜讯让立志"扎根边疆一辈子"的知青心旌摇动，又不知让多少多子女家庭的父母纠结犯难，掂量着究竟是调哪一个子女好呢？

北大子弟中有一位非常聪明的同学S君，精通电器、动手能力极强。就是因为家里人担心作为女孩子的妹妹在农村受罪、不安全，率先将女儿调回了京城。因家庭成分等问题拖累，他成为当地唯一滞留农村的插队知青。在那个年代，对前途渺不可知，根本看不到希望而绝望的他，这件事或许成为压垮这个脆弱生命的最后一根草。他选择了为自己设计"死亡电路"，用自控触电的方式结束了年轻的生命，并留言"小心触电，不要碰我"。

S君的死令人痛心不已，当年对周边的知青和北大的发小们震动很大。具有悲剧色彩的是他的父亲北大哲学系的教授"S大胡子"在"文革"初因被点名、抄家，不堪其辱也是自杀身亡的。一位与S君相识同学不无遗憾地说过这样的话：他们父子都是极聪明的人，却有着相同的脆弱的基因。

两个鲜活的生命以这种方式告别人生，在深切地惋惜之余我也多少有些困惑：究竟是为他们缺少隐忍的脆弱而遗憾？还是为其捍卫自尊与心灵的抗争而肃然起敬呢？或许，一对父子在"文革"中决绝而去，早已消失在历史的长河与人们的记忆里，但对一个家庭和挚爱亲朋来说，却是心灵深处永远的痛。

在河北徐水下厂锻炼、搞科研接受再教育的父亲对在农村插队的大哥境遇心有

20-02　乐泉与父亲合影

不忍，终于开口请协作单位帮助解决一下儿子的工作问题。这或许是父亲在有生之年为儿女唯一一次"走后门"，谋取仅有的一次"权益"。不久将乐泉调到了河北徐水钻井队当了一名正式工人，尽管其工作的艰苦与危险并不比农村插队好到哪去。后来乐泉在工厂复习考试并于1973年上了在四川的"西南石油学院"，算是"学为所用"。在那个知识青年扎根农村一辈子，在农村接受贫下中农再教育的年代，这两次身份的转换在当时不仅令人羡慕，而且也着实改变了一个人的命运。为此大哥对父亲心存感激，他说："我可能是子女中父亲给予帮助最大的一个。"

21

老师说的

"老师说的"这是那个年代学生们的口头禅，也成了孩子与家长顶嘴、"叫板"利器。

这有时真能"气死老爸"。数学家难解小学生、中学生做的算数题，大了才懂条条大路通罗马，解法与真理不止一个。反思应试教育，孩子们不是从小就失去了挑战老师和权威的勇气？父亲属牛，气急了也怒吼震天，在父亲的性格中多少可以见到曾祖父的影子。

很少有家长不打的孩子。不过父亲打孩子的法则是：绝不能打孩子的头和脸，父亲惩罚孩子要不就是叫你"伸出手来！"然后抓住手用木尺打手掌；要不索性叫你爬在床上拧屁股。小时候除了听话的、最令父亲疼爱的大妹，其他孩子都没少因为不听话或做错事而享受这种待遇。

记得在做数学题时，孩子们不止一次，不听父亲的"辅导"，坚持认为父亲的解题方法是不对的。"老师说的"，成了和父亲理论的挡箭牌、气得父亲要死，大吼，非要揍我们不可。如果说数学家难解小学生、中学生的试题，究其原因是，一道题可能有 N 种解题的逻辑与方法，解法的选择与思路并不是像学校老师要求的那样"标准化""模式化"和"绝对化"。

记得"文革"中为了让教授们难堪、出丑，国务院科教组和北京市革委会科教组，于 1973 年 12 月 30 日晚"采取突然袭击的办法"用大轿车将北京市地区 17 所高校的 631 名教授、副教授被强行拉去数理化考试。考场"由清华、北大各派一名工农兵学员监考"，时任清华、北大军宣队负责人的"迟群、谢静宜先后到场察看"。据《北京大学纪事》记载：北大 121 名正副教授参加考试，51 人交白卷（其中文科教授、副教授 48 人）。这种"白卷"可以看作是一种对这种"恶劣的考试"方式的"反对与抵制"。

不过在当时，想让教授们尝尝"突然袭击""与学生为敌"，这种"修正主义教育路线的滋味"，羞辱、"印证"那些嘲笑学生考试交白卷的教授们，不过是徒有虚名而已，却成为一时间议论的话题。

22

小聪明可以变成大聪明

在多子女的大家庭中老二往往占有"特殊"而"有趣"的位置，特别是老大比较强势时。这也会影响到老二性格特点：相对的平和与包容，并不太在意自己被忽视，也"不用为承担责任而背负很大压力"，故而有些推卸责任。老二在哥哥、姐姐面前是"被领导"，在弟弟、妹妹面前他又可以"领导"一下。然而，一家的长子、长女"作为父母的期望和新家庭的开端"，往往被特殊地关照。但如果弟弟、妹妹接踵而来，被关注的中心也会相继地转移。多子女间性格的养成与博弈以及对日后生活的影响，是独生子女及其家庭无法体验和想象的。

我作为家中的次子，生在海淀医院，是最淘气的一个，也没少让父亲费心。小时踢球、摔跤、爬墙、上树。用小妹的话说，就差上房揭瓦了。因为知道维 C 药片好吃，便在那个缺少糖果的年代常常溜进老爸的书房用舌头舔舔在书架上药瓶中带酸味的维 C 偷食之，坏事干得比较多，什么都敢乱拆。1958 年 8 月 17 日，中央在北戴河召开政治局扩大会议，通过《全党全民为生产 1070 万吨钢而奋斗》的决议，从此掀起轰轰烈烈的全民大炼钢铁运动。大炼钢铁时，人们热情万丈，中央领导亲自来北大动员，一时间博雅塔下未名湖畔烟火冲天。我记得为收集废铜烂铁等炼钢的原料，家家恨不得砸锅卖铁，反正我们家里的破锅、秤砣都捐了出去。我当时还在幼儿园大班，受到大人们大炼钢铁情绪的影响，回家就想拆大衣柜上的铜环，气得奶奶大喊：你这个败家子。

小时喜欢踢球，被附小教体育的韩化南老师选入附小校队，并且每周放学至少一两次到科学院大操场接受海淀体校教练的足球训练。我本来贪玩且学习心浮气躁，父亲

22-01　保姆吴嫂与小惠

怕我不好好学习，一次找了体育教练面谈，一次找了教我摔跤的海军退伍军人"教练"，劝其放儿子一马，不要再教我摔跤。不过见其老父哮喘难耐，父母还专门将中医药送上。

一次我和同学打架，踢坏了人家的腿，父亲带我登门向同学家长道歉，后来听说是老师先找了家长，父亲自己专门去过人家一趟，后来又带我去当面向同学赔礼道歉。父亲看到人家工人过得如此清苦，同学的母亲没有工作靠给人家洗洗衣服过活，很是过意不去。除了给人家赔了不是，还执意给了人家钱。

我在小学是有三道杠的大队委，由于家住在成府，混迹于街头小子中多年，略知一些摔跤、打架的事理。搬到中关园后有的同学颇看我不顺眼。有一次一个小学同学在上学必经之路的锅炉房墙壁上用粉笔写了三个斗大的字"闵大头"，让我愤愤不已。回家后我嘟囔着要和同学打架，老爸知道了却说："你的头又不大，生什么气？"

"文革"前父亲有一次想考考家里的几个小学生对圆周率的理解，他说谁要是能找到一个数除后得到小数点后三位以上，就给买一把小

提琴。这是记忆中父亲出过的、少有的有奖征答题目。几个孩子们纷纷开始演算。根本没有什么算术基础的我，灵机一动找来桌上的一个圆底杯，用细线绕上一圈后作了标记再用尺子一量，没想到杯子的周长巧合的是 22 厘米，除以 7 等于 3.14285714……这次竟让我得了先机。

小时候奶奶摸着我的耳朵总说小惠这孩子有福气，父亲对我也比较放心。确实龙年出生的我，从北大幼儿园、北大附小、北大附中、北京大学一路都赶上了，很有北大土著的味道。毕业后幸入高校，从大学教师到教授并拿到博士学位。这绝非因为聪明、学习好，一切都是机缘巧合，生命中有屡遇贵人的狗屎运而已。不过夫人却不时地敲打我，"你也就是个教授中的混混而已"。

或许是在上小学时，作文曾被老师表扬过，享受过仅仅一次站在全班同学前面朗读作文的待遇，或许是在"文革"中闲来无事，三天两头地去北大、清华看大字报，受到些潜移默化的影响，参加工作之前虽有一张 1968 年 4 月入学，1969 年 7 月竟然"初中三年学习期满毕业"的文凭，但在"文革"时不过是在"复课闹革命"中有一年多的中学经历，耀人的"北大附中"只是一个符号而已。史称"六九届"的初中毕业生，那时实打实的毕业文凭仅有小学一张。不过，无知者无畏，我总爱东翻西看，爱写点什么，一贯是好读书不求甚解，并不时给父亲看看。记得 1972 年春节前从内蒙古兵团回京探亲，那时正赶上全国"批

22-02　1972 年父亲搭肩照片

判林贼"，我在后屋给父亲看我在连队油灯下写的批判"唯天才观"的文章，《谈谈人与人的差别及其来源》。这篇文章在全连队大会上宣读过，后来被指导员送到团部传阅，据说引起小小的轰动。李廷松指导员后来颇有几分自豪和夸张地说："你为连队放了一颗卫星。"尽管父亲对我的观点未置可否，但他还是表扬了一下。我也算有自知之明，坦言：自己也就是有点小聪明而已。父亲却鼓励我说："小聪明可以变成大聪明。"可惜，几十年过去了，变成大聪明的事情一直没有发生，但这句激励的话却不时回响在我耳边。

23 ·····························
家有白雪公主

　　大妹的出生，令父母喜出望外，像迎接家中第一个男孩那样，被父母高度重视。

　　父母养育了三个女孩，作为家中第一个女孩，"大妹"这个小名便

23-01　家中三姐妹

落到了她身上，这注定要跟了她一辈子。

　　大妹长得漂亮、大脑袋，白皙，性格乖巧，十分可爱，被父亲视为掌上明珠。不知哪位访者竟给她起了个"白雪公主"的雅号。父亲喜欢女孩、喜欢大妹，毫不掩饰，只要不是在工作，父亲的眼睛几乎不离她的左右，在大妹上小学之前经常被父亲抱到双腿上一边备他的课或算他的数学题，一边给她念诗歌，讲故事，一本英文版的《阿丽丝漫游记》更是每天必读的功课。即便在"文革"时，大妹这个十六七的大姑娘，还会依在父亲的怀里亲昵。

　　1970年6月，大妹初中"毕业"，正赶上那一届不用上山下乡，全部留在北京,这让前几届,特别是被"连锅端"的我们这批"六九届"，上山下乡时还是十五六岁未成年的大哥、大姐们自叹命苦而羡慕不已。大妹16岁进了北大仪器厂，拜师学徒，当了一名校办工厂的铣工。作为"资产阶级反动学术权威的女儿"，大妹竟成了父亲的校友。不过，父亲是正在改造中的"臭老九"，大妹属于"可教育好的子女"是工厂的学徒工，父女俩都在北大这个革命大熔炉里接受着工人阶级的"再教育"。父亲曾对她说："你能在北大上班多好啊，离家这么近，我就

23-02　大妹在北大仪器厂

23-03　父亲和大妹合影

不用担心了。"于是在北大中关园通向北大东门的路上，经常可以看到一对穿着同样蓝颜色服装的父女行走在路上，而父亲手上总是拎着装有《毛主席语录》和教学讲义的布口袋。父亲来信曾跟我说，"大妹分配到仪器厂了，碰到的工人同志都说她又聪明、又老实，她已经做了不少零件，为某项工程之用"，这令父亲十分的欣慰。

大妹 18 岁生日那年，收到了父亲送的礼物，那是一块日本产的西铁城手表，那个年代进口手表是很昂贵的奢侈品了，大妹虽然特别喜欢但为了不被别人说成是追求资产阶级生活方式，上班期间只好把表戴在手腕的深处并扣严袖口，只有背着人时才偷看几眼，到了穿短袖衣服的季节手表就不敢戴了。

"文革"时期，尽管少男少女之间界限分明、禁忌很多，但对于情窦初开的男男女女们，仍免不了要上演许多故事，为此争风吃醋，大打出手也司空见惯。那时在马路上强行追女孩"交朋友"有个专用词叫"拍婆子"。在大妹上学或上班的路上就时常被人追堵。20 世纪五六十年代北大东门外只有一条东西向的弯曲小马路，马路南有几十亩果园，它最早是燕京大学农学系教授、牛奶房经理于振周创建的一个私人果园，他曾将国内外引进的果树幼苗在这里栽培实验，以后成为供农学系园艺部作培植的"燕大农事实验场"，这片果园后归北大所有，并作为绿化燕园的苗圃一直延续到 20 世纪八十年代。路北则是高低不平的庄稼地和小平房。在那个年代从中关园步行到北大东门，还有一段距离并是比较僻静的道路，不像现在北大东门向东推进到马路边竟成了临街最热闹的一个大门。父亲对一个女孩子家上下班还有些不放心，常常接送她回家。记得一天下班后大妹被一名强行要交朋友的"小流氓"拦截，逃回家后告诉了父亲，第二天下班，一出工厂大门就看见父亲早已等在门口，从此父亲拖着疲惫的身体天天接大妹下班，这样的情景一直持续到那个"坏蛋"不再现身。

1972 年冬天我从内蒙古兵团回家探亲，就曾陪父亲接送过大妹，在回来的路上顺便还和父亲"探讨"起关于漂亮女人的话题。爷俩儿的一致意见是，但凡女人漂亮一点、出众一点的，总是令人更操心、更不放心，也容易招惹是非。男人喜欢美女，追逐美女，甚至为女人争斗，似乎是天经地义。但是男人为美女所累或折寿，恐怕也应计入得失和定数之中。

在任何时代，美女在家里或社会上都会得到更多的宠爱（献媚）和关照，这虽令不少人心生妒意，但与美女让自家人担心，让别人惦记，与美女面临的烦恼和风险相比恐怕也是难分伯仲。家有"丑妻"的那种安然是褪尽铅华的性灵才懂得的吧。

24
父亲的自行车和唱机

　　自行车、手表、缝纫机，一直到20世纪70年代还是寻常百姓家渴望的三大件。那时天津的"飞鸽牌"是和上海"永久牌"齐名的国内名牌自行车。家里这辆28飞鸽牌女车的确名不虚传，质量堪称一流。车条、轮毂电镀锃亮，钢梁厚实。父亲去北大数力系上下班，多骑车而行，顺便把我带到北大幼儿园，下班时再把我带回来。或许是父亲心中总想着事，自行车时常忘记放到哪里，我多次跟父亲去找自行车，好在那年月路不拾遗，每次都是失而复得；父亲的车技真不敢恭维，即便是女车，坐在后座上也让人有些提心吊胆。特别是下雨天，父亲穿着厚厚的帆布雨衣带着我冒雨晃晃悠悠上坡下坡一路前行，让我感到相当的紧张。见到邻家华侨潘叔叔年富力强，骑着时尚的墨绿色26男车横梁前头带着他家的儿子小嘟嘟从未名湖畔博雅塔旁的斜坡上飞驰而下，总令人羡慕不已。

　　那时家里只有一辆自行车，不过这车质量上乘，真是经磕经碰，几个孩子大了以后，就是靠这辆28飞鸽在北大的东操场或成府街上摔过无数次才学会骑车的。但孩子们都知道，这车属于父母，不是想骑

父亲的自行车和唱机

24-01　中学时苏泉在中关园

就能骑的。于是，有时趁父亲睡着了，悄悄从他口袋里偷出车钥匙，赶紧骑着出去疯上一阵，当然回来时也少不了挨骂。

1961年4月中国男子乒乓球队在北京举行的第26届世界乒乓球锦标赛中首次夺得世界男子团体冠军，旋即在中华大地掀起了打乒乓球的狂潮。到处土法上马垒起乒乓球台，一排碎砖头就成了球网。我家也卸下大院门厅上的两块门板，在院子里支起了球台，父亲和孩子们打起了乒乓球。他还和孩子们打羽毛球、在院子里托气球。教会我们认识了钟表，教会我们如何写毛笔字、下象棋、跳棋和围棋，并拿来《十万个为什么》"数学小丛书"等让孩子们增长知识开阔眼界。父亲还教苏泉背棋谱，和她下象棋令其印象尤深。"当头炮马来保"，有一次父亲跟她下象棋，出于鼓励先让了苏泉好几个子，结果她初生牛犊不怕虎，用双车居然将死了父亲的老将，苏泉坚决不许悔棋，结果父亲丝毫没有恼怒，反倒是笑得流出了眼泪。

父亲这一辈人经历了太多的磨难，他对自己钟爱的数学，这个只依靠思考以及一张纸和一支笔的"最经济的学科"孜孜以求，不论条件多么恶劣，总是不离不弃。但对生活并没有奢求。

20世纪50年代末知识分子的着装明显低调了很多。父亲在民国时期以及回国后至六十年代初，曾穿过的西服毛料以及呢子大衣等旧装，已经被压在箱底，再也没有上身。六十年代后与"文革"时期干脆几身蓝制服换着穿，有的甚至膝盖上打着补丁。父亲"推着前筐里装着蔬菜的破自行车的形象"令学生始终难忘。一次父亲到外地开学术会议坐上卧铺车厢，列车员看着这老头的打扮竟怀疑父亲的车票是不是捡来的？让父亲感到了歧视而十分气恼。

虽然留学英美见多识广，但回国时带回的主要是一两箱子的书。家里仅有的一件带有娱乐性的"高档"器件，就是从美国带回来的一台手摇式唱机。小时候我们有时抱怨父亲连个相机也不买，每次都是大姑父殷之文从上海来北京开会时，胸前挎着相机，不停地笑着为全家老小拍照不已。父亲爱听音乐、听京剧，母亲是学音乐的，因此五六十年代，家里各类钢针密纹唱片：古典的、现代的，中国的、西洋的一大堆。记得三姑从天津一来北京，到家里就要放唱片，她爱听现代的，一曲"红梅花儿开，朵朵放光彩"，令她如醉如痴。那时家住成府书铺胡同的独门独院里，院子里支起唱机就开放，歌声在整个院子里回响，成为家中一景。那台唱机质量非常好，声音、音色令人母亲师大的好友、王蕊阿姨偏爱音乐的聪明儿子罗什—每每听完赞不绝口。放唱片是个技术活，装针头要正，唱头要对准唱片纹路，拿起放下唱机头的时间和力度都有讲究。最要紧的是人不能离开唱机，必须及时手摇给力，否则放着放着，经常会因缺乏动力，转速变慢而使乐曲彻底跑调，每每这时都会让全家老少大笑不止。这时，总有人大声喊：快点摇、使劲摇啊。

25

你怎么用左手和华先生握手

　　父亲算是华罗庚先生早期的助教、合作者。两人也有相似的背景，当年清华大学数学系罗致数学新秀，他们两人都先后来自中学，在西南联大时曾一起研讨、合作发表过多篇论文。抗战期间为了彼此方便切磋数学问题，两家干脆比邻而居。一起躲过警报，外面是敌机轰炸，硝烟弥漫，而父亲和他在防空洞里一起淡定地探讨数学问题。也曾因日机轰炸差点在防空洞里一起被"活埋"。华先生后来对陆启铿先生说：当年日本飞机轰炸，是闵嗣鹤把他从土里挖出来的。而他们两人又是被别人救出的。父亲和华先生还算是幸运，他们旁边的一个防空洞被炸后八个人中死伤六人。

　　1950年3月华先生回国，华先生的女儿华顺和家父等到永定门火车站迎接。父亲去世时在东郊殡仪馆的接待室里华先生低声和坐在身旁的大姑说："老闵是中国第二"。这在当时中国那一辈数论学家中自然是华先生私下排出的座次。华先生对父亲改进了他的研究成果不无幽默地说"偷得好"。家父对华先生在数论方面得到的一系列"辉煌成就"颇有赞誉。他还多次对我提到，华先生很会讲课，深入浅出令人

25-01　前排左起家父、×××、华罗庚、庄圻泰等合影

叫绝。不过，父亲也透露过华先生三段论式的讲授秘诀：听得懂——听不懂——听得懂。这真像哲学上黑格尔讲的否定之否定。不过，几乎像所有合作者一样，父亲与华先生也时有分合与摩擦，当年杨武之先生就曾多次劝解。

华先生初到西南联大讲课，慕名而来的听者云集，但对数论感兴趣者却不多，结果听着听着，最后就剩下钟开莱和父亲两个人了。一些人是听懂时而来凑趣，一经听不懂开始纷纷撤退，自然无缘再次进入听得懂的境界了。华先生有句名言："天才在于勤奋，知识在于积累"。勤奋和积累都意味着坚持，"天才"尚且如此，何况寻常之人？后来这两个坚持下来的人在数学上都颇有建树。

徐利治先生在纪念华老诞辰 90 周年回忆自己的老师时提到：段学复曾对他说，华先生在青年时代即精读兰道的三本巨著，共做了 6 大本笔记，可见其工夫之深。《标准矩阵论》这本老书，曾由华先生传给闵嗣鹤先生，后来又由闵先生传给了我……从这本老书中还可以看到当年身为名教授的华先生曾作过书中习题的痕迹。"

一家人搬到中关园，南边不远就是科学院及数学所，一次华先生驱车经过中关园我家门口便停下来和父亲攀谈，临走时华先生要和我这个小朋友握握手，他伸出的是右手，当时只知道在院子里玩泥土的我，却伸出的是左手，两个人手握得很是别扭。华先生走后，父亲问我，"小惠，你怎么用左手和华先生握手？"我说嫌右手有点脏，不好意思。

一次父亲带全家出游在颐和园与华先生家不期而遇，两家还专门在昆明湖畔合影留念，

王元先生在"回忆潘承洞"一文中讲：闵先生鼓励他的学生与数学所数论组的人交流，多向华罗庚先生学习。他们常来数学所参加华先生领导的哥德巴赫猜想讨论班，得到了华先生的指导与熏陶。数学所数论组的年轻人也把闵先生看成老师，常向他请教，彼此间的关系很密切。

冯友兰撰文纪念西南联大碑文即有：三校有不同之历史，各异之学风，八年之久，合作无间，文人相轻，自古而然，同无妨异，异不害同，五色交辉，相得益彰。此其可纪念者二也

父亲与华先生相差不到三岁，亦师亦友合作多年，难免有些摩擦。华先生是位数学天才，他的眼光、格局与抱负宏大且不囿于数学本身。华先生自学成才，从底层打拼出来历尽艰辛。不免养成"刚强果敢，说一不二"，尽显"心高气盛"的做派与霸气。父亲执着于数学，心无旁骛，虽温文尔雅但"骨子里却不失倔强，有时隐忍不住，几次撂挑子不干了，每当二人失和，杨武之便赶来调节，工作于是重新开始"。当年两人合作的一篇论文纸本上华先生手书的那句"闵君之工作占有异常重要之地位"，逗号之后还有"此证"二字，这其实是父亲与华先生制气要他立的字据而已。至于"异常重要"意味着什么？只有彼此心知肚明。父亲有时私下发牢骚，说是为华罗庚打了几年长工。华先生也对两人的失和与终止合作感到遗憾，认为闵嗣鹤本可以做出更好的成绩。

1950 年华先生回国后，父亲与华先生仍时有往来，大约在六十年代初期，母亲曾专门给华先生写信，试图再修复一下两位先生的关系。于是母亲拿着信，带上我约上华太太在她家北太平庄附近的小树林空地间边走边谈。两位太太具体谈什么，我这个跟在大人屁股后面溜达的孩子不曾知晓，不过两位夫人这次独特的会面却给我留下深刻的印象。后来父亲与华先生的关系的确缓解了许多，但两人再次携手合作最终未能实现。

学者之间的合作难，长期合作尤其难，这在古今中外概莫能外。历史上虽有"第一小提琴"与"第二小提琴"，相得益彰终生合作的范例，数学界也有英国大数学家哈代和李特伍德（J.E.Littlewood）合作 35 年的佳话。而双方撕破脸皮，对簿公堂、恶语相加，老死不相往来的学者也绝非鲜见。学者间的合作有点像经营夫妻间的婚姻，能做到彼此的尊重、对对方付出与贡献的肯定、恰当地评价甚至谦让，这不是一件简单的事，特别是在某些贡献难分伯仲的时候。父亲与华先生分分合合几十年，虽有磕磕绊绊，然而渡尽劫波，生死相依患难与共的情谊还是一直延续了下来。

孔子讲君子和而不同。但真正能做到"同无妨异""异不害同"实属不易。中国人的确很有意思，总是在非常时期、有非常之举、并出非常之人、成就非常之事，而在正常时期往往不能。

学术界其实也是江湖，三教九流的人都有。要在圈子里和江湖上生存和驰骋下去，身在其中的人不能漠视它的规则或潜规则。那时还没人总结出时下流行的"羡慕嫉妒恨"。但从小生活在知识分子圈子里，很早就明白了文人之间的种种心计、博弈与相轻。现在似乎体会到，知识分子也好、政治人物也好，他们之间的纠缠，除了有学术的或政治的观点、价值观念以及是非好恶之外，许多却是基于复杂的人性层面的纠缠。父亲不是圣人，但还算一个本分、正直，有君子之风的人。面对复杂的社会与人际关系，面对中国式的各种"运动"，以及"嫉妒"、"整人"、"刁难人"的"小手段"，虽不敢说能做到事事独善其身、洁身自好，但在为人、为学与做事上并无害人之心、小人之举。"德不孤，必有邻",这也是父亲能得到学界他人敬重与信赖的原因之一。

古今中外智者、文人、能人和英雄之间,敬重有加、惺惺相惜,与彼此相轻、相妒,常常像硬币的两面,翻动它哪面朝上的往往是人性、人品或曰做人的底线。在弗朗西斯·培根看来,嫉妒是人类情欲中,最强烈的情感之一。《圣经》中把嫉妒叫作"凶眼"。法国数学家、菲尔兹奖获得者阿兰·孔涅(Alain Commes)曾讲道:他的同事认为"我们(数学家)的工作,说到底就是为了得到几个朋友怀有妒忌的认可"。的确,在阿兰·孔涅看来,由于数学家研究的工作从本质上讲还是相当的冷僻孤立,所以不幸的是我们总是以各种方式极度渴求这种认同感,但坦率地讲我们不应该期望过高。

西班牙戏剧大师佩德罗·卡尔德隆(Pedro Calderon)甚至这样说道:"世界上没有人可怜到不会被别人嫉妒,也没有人幸运到不会嫉妒别人。"看来嫉妒是人性的弱点,它具有普遍性,也具有某种激励性,只要它不变成下作、邪恶与犯罪。至于是不是还有"中国式嫉妒"尚可研究一番。不过撰写《战争与革命中的西南联大》的美国学者易社强(John Lsrael)试图得出这样的结论:"在中国学术界,学人相轻可能比学者互敬更普遍。"

看来,像陈省身先生说的"要欣赏别人好的工作,看成对自己的一份鼓励,排除嫉妒心理",并不是一件容易的事。古今中外文人间、师友间的相轻、嫉妒、争论、攻讦甚至反目,并不鲜见,这其中的缘由自然也是十分的复杂。台湾资深传记作家江才健博士曾经在美国采访杨振宁先生,他在《石溪行》中说过这样一句话:"中国的科学或一些学术发展不成功,恐怕多少与人际关系中过多的虚假有关。"这或许也是一种解读的视角。

26

考考几个得意门生

　　父亲真正有机会带自己解析数论方向的研究生，不过是"文革"前的八九年间。父亲对学生不论是他们的学业还是生活，都关爱有加。当年住在成府时，环境幽静，房子宽敞，学生便是家中常客。只要学生一来，在上课、切磋学术之余，总能听到他们的欢声笑语。而且只要学生来，父亲经常留他们吃饭。父亲为学生可谓倾注了心血，谆谆教诲、及时点拨，学生们聪慧有加，颇为努力。在父亲指导下攻读"数论专门化"的几位弟子，在大学四年级毕业论文的一部分就分别在《数学进展》《北京大学学报》等刊物上发表。父亲一次去天津时曾对三姑讲："培养一个搞数论的人要十年！如果毕业后不能留下来继续做，去干其他的太可惜了。"然而，令父亲深感遗憾的是：潘承洞、尹文霖、邵品琮等几个得意门生最终没有一个能留在北大。

　　据说当时教育部对北大留人很有意见，几乎闹僵，理由之一是近亲繁殖。至于学校和系里最后为什么留了张三，却不留李四，就各执一词了。

考考几个得意门生

迟宗陶：西南联大 1940 级数学系的学生，他是 1948 年考取清华数学系的两名研究生之一。父亲刚回国在清华大学任教，指导的第一个研究生就是迟宗陶，他解决了数论中的"狄利克雷除数问题"。华罗庚先生在为维诺格拉陀夫《数论基础》中译本撰写的序文《介绍"数论基础"》中说：迟宗陶同志取得了当时"最好的结果"，"他所用的方法是闵嗣鹤同志所提出的"（即闵嗣鹤估计三角和的方法）。

潘承洞：1956 年毕业工作半年后，1957 年考取父亲的研究生，父亲亲自为他确定了研究方向："L 函数的零点分布，及其在著名数论问题中的应用"，作为他的主攻方向。1961 年研究生毕业分配到山东大学数学系任教，历任助教、讲师、教授，数学系主任，数学研究所所长，山东大学副校长，1986 年 11 月起任校长。1991 年入选首批中国科学院院士。他学术造诣深厚，专长于解析数论的研究，尤以对哥德巴赫猜想的卓越研究成就为中外数学家所赞誉，与当代著名数学家华罗庚、王元、陈景润以及父亲一起被数学界称之为中国数论派的代表。1961—1965 年间，潘承洞在哥德巴赫猜想的研究中，先后证明了（1+5）和（1+4），为陈景润后来证明（1+2）开拓了新的局面。在陈景润做出重要的成果之后，他在 1972—1973 年间和父亲书信频频，继续探讨推进"陈氏定理"的可能性。1982 年 7 月潘承洞和陈景润、王元三人共同获得了自 1955 年之后也是"文革"之后，政府颁发的第一个国家级自然科学一等奖。

潘承洞功成名就仍不忘导师的教诲，他后来在回忆父亲的文章中特别提到"两次考试"。一次是在大学一年级，父亲见到他答题屡有小毛病，便"把已由习题课老师定为'优'的成绩改为了'良'"，这是他优异的成绩单中唯一的一个良；再一次是在大学四年级，父亲见几位弟子小有成就，有点沾沾自喜，便专门出了三道题考他们。潘承洞说，三道题从下午 3 点做到晚上 7 点，足足让他做了 5 个小时，其中第三道题，让他憋了两三个小时，虽然做完，但回答得仍不完整。父亲则舍命陪君子，也不吃饭"坚持陪考"直到学生们交卷。潘承洞先生讲

26-01 潘氏兄弟，展涛摄于 1995 年

此事"为我的自满情绪及时敲响了警钟"，令他终生难忘。

1991 年，科学出版社出版了潘承洞、潘承彪两位数学家兄弟合著的教材《解析数论基础》，序文的开篇和结尾都提到了他们的老师闵嗣鹤，并"谨以此书表达我们对他的深切怀念,感谢他对我们的亲切教诲、关心和爱护"。

尹文霖：1957 年和潘承洞一起考取了父亲的研究生，在校期间学习、科研成绩优异，曾和父亲合作在刊物上发表论文。1956 年 10 月 25 日他在北京大学学报（自然科学版）上发表的《关于表充分大的整数为素数和》的论文抽印页上深情地写道：

献给敬爱的闵先生：

在你的教导下，拣到了这颗漂亮的石子，愿在我的一生中，能摘到一颗灿烂的星。

你的学生尹文霖

1958 年在读期间曾与父亲合作发表学术论文，1961 年毕业后尹文霖被分配到四川大学。六十年代前后他在国内外刊物上发表过多篇重要论文，包括在哥德巴赫猜想等问题的研究上，有的论文居当时国际领先地位，受到华罗庚先生和父亲的一致好评。他因成绩突出，曾被《人民日报》《中国青年报》誉为青年数学家之一。"峣峣者易折，皎皎者易污"，可惜尹文霖 20 世纪 80 年代"突然离世"终年 57 岁。

邵品琮：他是和潘承洞、尹文霖一起跟父亲学数论专门化的学生之一。邵品琮在回忆当年上课的情景时写道："尽管一个教室里就我们三名，而且还都坐在靠黑板的第一排，闵先生还是很认真地给我们站在讲台上讲课，算式是一黑板一黑板的写出来，写了擦、擦了写，中间也不让学生上来擦。""在毕业前给我们三个学生每人布置了要作一篇毕业论文"。邵品琮曾多次上门求教，在上大二时父亲就将他的一篇论文略微作了些文字修改后推荐在《数学通报》上发表。父亲对青年学生习作给予的鼓励与支持令他感念。在父亲的指导下，1956 年大四时邵品琮在《数学进展》等刊物上发表论文，改进了华罗庚先生的一项数论研究成果。后来他还和陈景润合写了《哥德巴赫猜想》一书。

邵先生回忆当年还曾拿一道难解的习题向父亲请教，父亲在他的演示本上作了详细的批示，批示中说思路是可以一试的，但要解此问题凭这单一思路和所用的方法是解不出来的，尚需添加其他的知识才能够予以推演出来的，后来闵先生说，一个学生能习惯于去独立思考问题，无论成败都是很有用的。在父亲看来，学会独立思考的重要性，远高于得到结果正确与否的重要性。

好的数学问题总是引起不断地探索。父亲当年在上学时被困扰的关于"夫妇相邻围桌入座"的有趣问题，自 1891 年法国数学家提出，半个多世纪过去了，世界各地数学家们始终兴趣不减，一直在探讨。邵先生在 1956 年 9 月发表在《数学通报》的论文，也在变更解法。

严士健：1952 年师大的傅种孙先生派严士健到苏联留学，回来后傅先生又把他介绍给此时正在师大兼数论课的父亲。他嘱咐严士健："首先要规规矩矩地向闵老先生学习，学好后再创造。一旦闵先生不来兼数论课，你就接过来。"严士健不孚重望，在给父亲当助教的过程中，从治学方法到教学艺术都潜心学习，一面承担了父亲在两个班上讲授的"初等数论"的辅导，一面认真备课整理讲稿，并在此基础上写出了数论讲义，这段经历使他获益匪浅。1954年，父亲宣布"严士健可以教数论课了"。他不仅接过了父亲在师大开的数论课，而且在讲义的基础上，又和父亲合作完成了《初等数论》书稿，这本书1957年由人民教育出版社出版，1982年后多次再版。至今仍是一本为人们选用的初等数论教材。

严先生后来提到父亲在师大讲课的费用时说道："1953年我给闵嗣鹤先生做助教时，当我代领他兼课工资后并交给他时，他让我将这第一次的以及以后的工资都交给赵慈庚。他告诉我，1937年他受聘于已经南迁的清华大学，当时既有家庭负担，又缺乏路费，幸好赵先生能从并不宽裕的经费中借给他200元，解决了问题。这些工资虽不能完全偿还也可以聊表心意"。父亲当年坐困愁城，是学友赵慈庚先生出手相助，16年前的这桩往事及情意，父亲的感怀与做法令严先生记忆犹新。

26-02　赵慈庚先生早年照

闻国椿：他是庄圻泰先生的研究生，他在自己晚年的回忆录中也多次提到父亲上课和谈话对他的点拨和启发。闻先生写道：有一次闵嗣鹤教授曾对他说："你在对所要研究的有关问题进行较全面的调查后，列出一个表格，表明哪些问题已经解决了，哪些问题还没有解决，然后选择其中有的尚未解决的问题进行研究。"

看见的东西往往是你想看的东西，发现的问题往往是你知道的问题。学术大家、导师的高明之处，常常是因为能看见一般人看不见或视而不见的东西，发现一般人发现不了或不认为是问题的问题。具有问题意识、能够发现、知晓学术前沿的问题，进而找到解决问题的方法，努力解决一些问题，这是需要眼力、智力和功力的，也是一个一流学者应当具备的素质。不过在某种意义上，与解决问题相比，发现和提出问题更为重要。如果想一想在国内，许多优秀的学者在诸多领域更多的还是在思考或解决外国学者提出的一系列影响世界的猜想与问题，还缺少自身更多的原创与输出能力，或许就没有理由过分的自豪与陶醉了。

27
父亲的助教丁石孙

记得 1976 年秋我从北大毕业来到一所当时并不为人所知的大学教书。无知者无畏，一次在老同学面前表现出的自我感觉良好，对其他老教师不以为然的态度，被好心的同学批评为"小闵还挺狂"。我等水准，忝为高校教师者尚且如此"年少轻狂"，想想 20 世纪四五十年代清华、北大数学系的才子们自视甚高，就没有什么不好理解的了。其实年轻人"轻狂"除了有挑战未知与老师、权威的勇气之外，在一定程度上也是自身有限性的表现。因为许多学术风景，不知道的东西、许多"不知道不知道"的东西，还没有进入他们的视野。牛顿晚年说自己只是在海边捡到一颗漂亮的贝壳，这是大师级的境界，并不是客套话。

父亲 1948 年从海外回国，先后在清华、北大等学校从教二十多年。期间有多人当过他的助教，丁石孙先生就是其中最早的一个，也可能是在父亲身边当助教最长的一个。他当年为父亲教的学生批改作业、辅导，没少费工夫。父亲一生和丁石孙先生交集颇多，"肃反期间"他曾受组织委派和段学复先生与父亲谈话；1958 年和父亲一起参与全国数学高考命题；直到 1972 年与父亲一同帮助史丰收总结他的"速算法"；

父亲的助教丁石孙

1988 年时任北大校长的丁石孙先生专程出席了在山东大学举办的"纪念闵嗣鹤学术会议"。邵品琮教授回忆道，在会议期间，"丁石孙老师走进了我住的房间，我们师生俩曾长谈了足足有三个小时之久，话及忆念闵先生的科研教学特色与乐于助人的点点滴滴往事，总觉得言之不尽也。"

丁石孙先生在晚年的访谈录中多次提及父亲。他在《有话可说》提到一个关于父亲的插曲。他坦言："当时我们这些学生比较狂妄"，听闵嗣鹤讲"复变函数"，"不知闵先生的学问有多大，对他讲的课不感兴趣，根本不把他放在眼里。事后，我才知道闵先生很有学问，我的看法是错的"。父亲的学问与为人，给丁石孙先生留下深刻印象。

丁石孙先生或许是父亲学生辈中少有的大学校长掌门人，又曾官至民盟主席、全国人大常委会副委员长。尽管他诙谐地说自己当官"学

27-01　丁石孙先生晚年访谈录《有话可说》

坏了"，但是丁石孙先生口碑很好，在不少人眼中，他是最不像官的官，有北大人说他是北大历史上最好的几位校长之一。

丁石孙先生可谓学界、政界的翘楚，但他对包括父亲在内的诸多前辈、师友写下的一篇篇平实而真诚的文字与回忆，确实给人留下了非常深刻的印象，令人对丁石孙先生心生敬意。

1949年新中国成立后，五十年代中期，是国内少有的教学与科研发展的高峰期。1956年1月中央召开了知识分子工作会议，发出"向科学进军"的号召，广大知识分子深受鼓舞。3月国内集中了全国六百多位科学家，制订了《1956~1967年科学技术远景规划》。各所大学及院系也纷纷制定了相应的规划。北大教务处在当年8月还出台了一项重要举措，拟为全校39位中科院学部委员和著名教授各配备1至5名助手，其中包括冯友兰、周培源、段学复、江泽涵、许宝𬸣、王竹溪、胡宁、黄昆、叶企孙、傅鹰、翦伯赞、王力、季羡林、马寅初、汤用彤、朱光潜、熊十力、程民德、闵嗣鹤等。父亲即在这个大名单之中，可惜这项工作尚未充分推开和落实，便被1957年后的"反右"与相继而来的运动所打断。

28
家中常客陈景润

　　父亲与陈景润（1933—1996）的相识与交往大约始于 20 世纪 50 年代末 60 年代初。在《铸梦——追忆舅舅陈景润》中，作者写了一个有点戏剧性的场面：

　　华罗庚因政治问题被隔离，不能来主持这个数学研讨会，由于对突然发生的情况顾虑和害怕，同学们都没敢前来参加这场研讨会……闵嗣鹤却没有失约，准时到了数学所。结果惊讶地发现，教室内空无一人。他还不知道华罗庚被隔离，一怒之下，转身走出了教室。结果和匆匆赶到教室的陈景润撞了个正着。"你们就是这样对待老师的吗？""你叫什么名字？为什么迟到？""我叫陈景润润……因为在图书馆看书，被一道数论题难住了，所以忘记了时间，真对不起！"闵嗣鹤教授拍拍他的肩膀，笑了。"你把你的数论难题跟我说说吧！"

　　这也许就是陈景润当年向夫人由昆或宋力讲述过的他与父亲的初次见面。

　　此后，从北大的成府书铺胡同二号，到中关园 20 号，都留下过陈景润登门造访的足迹。他和父亲的相交有十多年，数论成了连接俩人的学术之桥与友谊之桥。陈先生作为晚辈经常从科学院的数学所赶过来踏进家里的门槛，逢年过节还要来拜访。

"文革"期间专家、学者大多被打倒或靠边站，囿于"走白专道路的"的威慑，绝大多数人要么投入到如火如荼的"文革"中，要么由于出身或身体不好等原因处于"逍遥"状态。陈景润明显属于另类，即便在那个他被当作"修正主义的苗子""白专道路的典型"被谩骂、被批判年月，他也未随波逐流，始终对数学研究不离不弃。在几平方米的斗室里克服外界的一切干扰，潜心研究着数论问题。

"文革"时他标志性的服装是一身蓝制服，挎着褪色的军用小书包，里面装着厚厚的一沓数学稿纸。进门后常常会操着浓重的福建口音说"闵先生，请您看看"。

学者、科学家研究的前沿性重大问题，往往是他们心中"最高的机密"，在成果面世前，一般决不轻易示人。

陈景润找父亲审阅大概是出于两个原因，一是父亲一直对纯粹数

敬爱的闵老师：
非常感谢您对生的长期指导，特别是对本文的详细指导

学生 陈景润敬礼
1966. 5. 19.

科学通报

第17卷　第9期

28-01　陈景润手书照片

78

ON THE REPRESENTATION OF LARGE EVEN INTEGER
AS A SUM OF A PRIME AND A PRODUCT OF AT MOST
TWO PRIMES

CHEN JING-RUN (陈景润)
(Institute of Mathematics, Academia Sinica)

§ 1.

For the sake of brevity, we denote the following proposition by (1, a).

Every sufficiently large even integer is a sum of a prime and a product of at most a primes.

Selberg's method and some results in the theory of Dirichlet L-function have been employed by many mathematicians to prove the above proposition, for example

(1, 5)   (Pan Chin Tong[1], Барбан[2])
(1, 4)   (Wang Yuan[3], Pan Chin Tong[4], Барбан[5])
(1, 3)   (Бухштаб[6], А.И.Виноградов[7])

28-02　科学院档案馆藏陈景润手稿单页

学感兴趣，两人对数论的研究、沟通与交往并没有间断；而自 1965 年后华罗庚先生"他的全部兴趣都在'双法'的普及工作上面了""心思已不在纯粹数学上"（王元语）。二是陈景润对家父颇为信任，他并不担心成果被剽窃。

　　一次我回家，正赶上他来，让父亲帮助确认一封英文信函的内容。父亲告诉他人家邀请你出国访问参加学术会议，这在那个年代，当然不可能成行。陈景润为人谦和尊敬师长，对父亲更是十分的尊敬。他每次来家里见到几个孩子，也总是"小弟弟""小妹妹"的叫个不停。

　　1966 年 5 月 15 日陈景润《表大偶数为一个素数及不超过二个素数的乘积之和》的论文在《科学通报》当年第 9 期作为首篇发表。这就是后来大众皆知的他研究"哥德巴赫猜想"公布的最初结果。

知父何年

陈景润在此刊的目录页上写道：

敬爱的闵老师：

非常感谢您对生的长期指导，特别是对本文的详细指导

学生陈景润敬礼

1966.5.19

按照旧时信札的习俗，陈景润特意把"生"字写得小了一些，以示对师长的敬重。

著名作家徐迟先生当年亲自到中关村采访陈景润等人，在他撰写的报告文学《哥德巴赫猜想》中运用文学的语言赞叹陈景润的证明是"何等动人的篇页，这是人类思维的花朵"，"能升登到这样高深的数学领域去的人不多"，"在深邃的数学领域里，既散魂又荡目，迷不知其所之"。接着他笔锋一转写道："闵嗣鹤教授却能品味它，欣赏它，观察它的崇高瑰丽。他当时说过，'陈景润的工作。最近好极了。他已经把哥德巴赫猜想的那篇论文写出来了。我已经看到了，写得极好'。"

数论中的哥德巴赫猜想或许就是著名数学家比勒·鲍隆巴斯所说的那种属于"既美丽又重要的问题"。父亲为陈景润的论文郑重地写下了这样的审阅意见："命题的证明是正确的，论文篇幅过长，建议加以简化。"作为这篇200多页的长篇论文的审稿人，他对陈景润说：去年人家证明（1+3）是用了大型的、高速的计算机。而你证明（1+2）却完全靠自己运算。难怪论文写得太长了、太长了。数学家心目中追求的"最佳论证"不单是要正确，而是希望达到一种"简洁之美"。

此后，陈景润又花费了六七年的时间，进一步简化了他的证明。1973年5月《中国科学》第2期在首篇发表了陈景润《大偶数表为一个素数及一个不超过二个素数的乘积之和》，这篇18页的论文，就是对哥德巴赫猜想（1+2）的完整证明。在论文最后的致谢中他写道："作者对闵嗣鹤同志和王元同志给予的帮助，表示衷心的感谢！"不过，"文革"中的教授称谓被改为了"同志"。而他那一沓厚厚的用复写纸抄写的手稿一直放在家中的大衣柜里，直到1973年父亲去世后他才取走。

1982年陈景润和王元、潘承洞因在哥德巴赫猜想研究中的突出贡

献，共同获得了国家自然科学一等奖。1998 年陈景润夫人由昆女士将陈景润的手稿无偿捐给中国革命博物馆永久珍藏，这成为近年来收藏的珍贵文物之一。

陈景润的论文发表五个月后，1973 年 10 月父亲去世。当时陈景润的身体也是十分虚弱，时值京城的十月中旬，他却穿着棉大衣站在东郊殡仪馆外，痛哭不已。后来他曾说："闵先生是我的恩师，十年来给我巨大的帮助、指导，使我终生不忘。"父亲去世后，逢年过节他多次到中关园看望师母。后来陈先生去世，他的妻子由昆专门到北大蔚秀园去看母亲，并送上了由昆签写的《陈景润传》。

美国著名物理学家朱经武曾说过这样的一段话：

"我认为只有两类科学家，一类是只告诉别人他在做什么，另一类只是问别人在做什么。但我发现杨振宁教授属于极少数的第三类：他总是慷慨地让人分享他激动人心的成果，同时又对别人的任何科学领域的工作有强烈的好奇心，通过仔细倾听其他物理学家的工作并提供有益的建议，以增进他们的信心。"父亲是不是也属于这第三类科学家呢？

29 去北京科学会堂

　　坐落在北京西郊的北京友谊宾馆始建于 1953 年，占地面积 33.5 万平方米，当时是亚洲最大的园林式宾馆。"设计大师"张镈是著名建筑师梁思成门下的高足，在 20 世纪 50 年代，张镈先后参与设计了人民大会堂、民族饭店等。在其后的北京友谊宾馆设计中，他将中国古典传统和欧洲建筑风格完美地结合于一体，受到梁思成的赞赏，并被国际权威建筑史册称为"中国 50 年代最早的新民族风格的成功尝试"。北京友谊宾馆优越的地理位置、闹中取静清新优雅的环境，至今仍颇受中外宾客的喜爱。当年在上海工作的大姑或姑父来京开会，一般总爱选择这里驻足。

　　北京科学会堂落户友谊宾馆院内北侧，这座建筑也是出自张镈先生的手笔，这是他在六十年代仅有的两项建筑设计之一。北京科学会堂的建立，成为北京市第一个综合性的科技工作者的活动场所。会堂里面有学术报告厅、会议室、阅览室、棋牌室、台球室、乒乓球室、电视室、电影放映厅，会堂周边还有茶室、餐厅、小卖部、理发室以及住宿的客房等等。甚至外文书店和新华书店也在里面开了门市部。

29-01　北京科学会堂及证件照

北京科学会堂三座建筑总面积达 4.7 万平方米，彼此之间有草坪和花圃点缀其中。它使硕大的北京友谊宾馆内又增添了新的韵味。

北京科学会堂于 1964 年元旦正式开放，时任国务院副总理的聂荣臻、科学院院长郭沫若等 500 多人出席，科协主席李四光剪彩。这座被称为"科学家之家"的科学会堂，是专供首都知识分子学术活动与休闲娱乐的园地，茅以升先生感慨北京科学会堂开幕："学会因'会'而起作用，会而有堂，当然是最值得兴奋的了。"

在 20 世纪五六十年代，国内的各大宾馆都未曾向一般百姓开放。进入友谊宾馆内的科学会堂，要凭一个贴有照片的灰色入门证件。科学家本人持证，可以携带一家老小家参观游玩。这在六十年代是一个十分荣耀与特殊的待遇。父亲很喜欢来这里，经常带孩子们到科学会堂长长见识，同时到这里也能见见学界的师友。然而好景不长，北京科学会堂开放不过两年，这个高级知识分子沟通、开会，扎堆切磋的地方，在"文革"开始时被迫关闭。其罪名之一是被斥为"裴多菲俱乐部"，直到 1984 年才重新开放。邓小平题写的"北京科学会堂"几个金光闪闪的大字镶嵌在门楣上方。

30

数学竞赛和"数学小丛书"

数学竞赛最早由匈牙利人于 1894 年发起,已有 100 多年的历史,国际性的数字竞赛则源于罗马尼亚,很快被多国效法。我国的数学竞赛始于 1956 年,由华罗庚先生倡导、以苏联的数学竞赛为参照,率先在北京、上海、天津和武汉举行。华罗庚在赛后专门发表文章,重申竞赛的目的不是为了抠难题,而是为了培养创造性的思考能力;培养学生对科学的热爱、对数学的兴趣。反对出难题、怪题,把数学竞赛引入歧途。熊庆来、江泽涵、赵访熊、段学复和父亲还有龚升等一些数学家成为这项活动的"积极倡议者和热情支持者"。

张英伯教授,这位六十年代北京高中数学竞赛(高二组)一等奖获得者在《半个世纪前的数学竞赛》一文

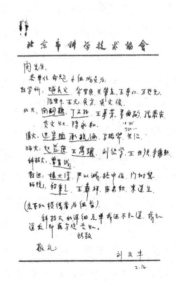

30-01 命题小组名单

30-02　1963年数学竞赛颁奖，前排左起为闵嗣鹤、熊庆来，后排中为华罗庚

中感慨：那是一个数学竞赛的"纯真年代"。不过，她没有前几届获奖者进入"北大"或"复旦"的幸运，而是赶上"文革"大学停办，去了"北大荒"。

　　始于1956年的数学竞赛，1957年"反右"后被间断。20世纪60年代恢复后曾连续举办了三届，北京市数学会和北京市科协成立了由中科院、北大、清华、师大和科技大等单位组成的命题小组。科学院由越民义和华罗庚、关肇直等组成，北大由闵嗣鹤、丁石孙、王萼芳、姜伯驹等7人组成，父亲为小组的负责人。师大是父亲的老友赵慈庚任组长。

　　何兆武先生在《上学记》讲，他在首都师范大学数学系的一位同学曾对他说：傅种孙先生去世后，闵先生就在数学竞赛里负责出题目并负责给出"标准答案"。中学数学竞赛其实不是考学生，而是考老师，最难的就是那个出题目的老师。命题组成员"提供一些题目供负责人圈定"，这时他必须把题目筛选和确定的恰到好处，既能运用中学的知识把它做出来，又不能有多个学生同样做出来，只有这样才能从全市或全国范围内选出最优秀的那一个人。这种困难是旁人想象不到的，也是闵先生特别高明的地方。

数学竞赛结束后华罗庚在《光明日报》上撰文并和姜伯驹、赵慈庚以及家父等众多数学家纷纷到各地演讲，解答释疑。父亲作为命题评卷负责人之一，从1962年起连续参加了三届中学生数学竞赛，并做了"从1962年数学竞赛试题谈起"的学术报告，还在《人民教育》和《光明日报》发表了《数学的基本训练与灵活运用》一文。这一年的数学竞赛盛况空前，有上千人参加的授奖大会在中山公园音乐堂举行。

1963年北京市数学竞赛颁奖大会在师大附中举行，华罗庚先生亲自为获奖者颁奖，数学家熊庆来、江泽涵、段学复和父亲等出席。这一年中央新闻纪录片厂拍摄的"新闻简报"，专门有"北京市高中数学竞赛"一条。父亲站在台上拍手致意的身影，是现存可以见到的唯一一段影像资料，而那时已经五十岁的父亲仍显得十分年轻。

父亲的学生邵品琮后来对他人讲：闵先生生前曾说过数学竞赛好比是数学里的杂技。他说闵先生可以做中国数学竞赛杂技团的团长，他也是在二十世纪五六十年代参与数学竞赛出题最多、出题最好的命题人之一。

"数学竞赛好比是数学里的杂技"，父亲为什么这么说？他在《光明日报》（1962年8月4日）发表了一篇文章《数学的基本训练与灵活运用》，他发现一个问题："有的中学生能做出第二试的两个'巧题'，可是对第一试普通题目，却得到（百分制的）五分。"父亲感慨："不是'灵活运用'不会，而是'基本训练'太差"。父亲认为，"'基本训练'是'灵活运用'的基础，教人灵活运用的手段就是'基本训练'"。他批评数学教学中那种把所谓的"各种'巧法'罗列出来教给学生，甚至把问题分好类型，让学生在碰到这一类问题的时候，可以'按图索骥'，不费脑筋就把习题完全作对。这种'教学法'不是使人巧，刚好使人养成'死守成规'的毛病"。父亲强调:"真正的'基本训练'不是把'巧'硬塞给学生,而是通过'基本训练'自己去发现'巧'、总结'巧',进一步提高'巧'"。父亲认为:"中学生固然还谈不到'高深的'数学研究,但是可以通过一些问题,使中学生尝到一些创造性脑力劳动的味道。"

父亲始终注重基本理论和基本训练,在他看来"求学是一个长期的艰苦的过程,不能单靠聪明",父亲不希望数学的教学与竞赛走偏方向。能让中学生在数学中享受到乐趣和创造性的味道,这是父亲最大的心愿,也是中学生今后步入数学的广阔天地真正能大有作为的前提条件。

当年曾参加过数学竞赛命题的姜伯驹先生晚年也曾这样说道:20世纪五六十年代中学生可以根据自己的兴趣,参与数学竞赛或者数学讲座,所以数学竞赛本意是好的。只是现在的部分数学竞赛有点"变质",变成了培训产业,成为部分老师创收的渠道,违背了数学竞赛的初衷。

20世纪五六十年代受到苏联数学普及与成就的影响,借助国内数学竞赛的东风,由北京市数学学会组织编写、一批著名数学家参与的"数学小丛书"开始启动。这套1962年版的小丛书先后由中国青年出版社以"青年数学小丛书"和人民教育出版社以"数学家小丛书"名义出

30-03　部分丛书封面

版发行。其中有华罗庚先生的《从孙子的"神奇妙算"谈起》《从祖冲之的圆周率谈起》、段学复先生的《对称》、姜伯驹先生的《一笔画和邮递线路问题》,龚升先生的《从刘徽割圆谈起》,父亲的《格点和面积》等等。只有小学文化程度的我,当时只能看懂一点点华先生所讲的,做饭时各道工序如何安排合理的顺序,以及用手指沿着姜伯驹先生描述的一笔画,在书上试着游走一番。

这套科普课外读物,堪称"大家"写的精品小书,从书的名称到内容都十分贴近社会生活与读者,并成就了新中国历史上一个普及数学、参加竞赛培养数学英才的高潮。乃至半个多世纪过去了,"这套书至今仍然代表了新中国在数学普及方面的最高水平",被多家出版社不断重印,市面上至少有六七种版本。2010 年由科学出版社出版的这套新版"数学小丛书"获得了国家科技进步二等奖。

"大家"写书,用通俗简练的语言,深入浅出地向一般读者讲清一个个数学道理,这也是一件颇见功力的本事。况且,从事科学普及不也是科学家应有的职业良知和应尽的社会责任吗?

20 世纪五六十年代的物价水平很低,人们的购买力十分有限。当时的"数学小丛书"大多每册定价只有一角三四分不等,平均每册印数累计达到 30 万册以上。虽然每册的字数一般仅为几万字,但当时出版社的字数稿酬已达到每千字 12 元,这几乎相当于那时一个普通工人近一个月的工资,知识的含金量还真不算低。1964 年 5 月,父亲的小书《格点和面积》重印,他专门致信出版社负责同志,指出拙著中"现发现几处需要改动请排印时注意"并附上了勘误表。

时隔半个世纪,一位"数来数趣"的博主在网络上出了一道"经典趣味数学题,汽车如何省油?"并说这道题"来自闵嗣鹤《格点和面积》":

某卡车只能带 L 升汽油,用这些汽油可以行驶 a 公里,现在要行驶 4a/3 公里到某地,中途没有加油的地方,但可以先运汽油道路旁任何地方存储起来,准备后来应用。假定只有这一辆卡车,问应怎样行驶,才能达到目的地，并且最省汽油？

如果到目的地的距离是 d=23/15a 公里，又怎么样？试推广你所得出的结论。

这样的题目，可以把汽车换成骆驼，把汽油变成胡萝卜，问骆驼怎样才能走出沙漠？

网上提出与议论的这个话题，引自《格点和面积》1962 年版第 15 页，可以让人联想到数学基础理论研究以及它联系实际并转化成科普形态所具有的影响与潜力。

父亲对数学的科普工作十分热心和积极。除了参与数学竞赛的组织、出题，参与撰写"数学小丛书"之外，早在 1952 年父亲还写有一篇《由抽堆游戏得到的定理》在《中国数学杂志》第二期发表。后来还被赵慈庚先生收入他主编的《初等数学研究》（1990）。父亲通过有趣并看似简单的儿童游戏，揭示了游戏背后的数学秘籍。

数学竞赛因"文革"被中断，在"文革"中，华罗庚先生不得不违心的在《人民日报》发表文章批判自己组织全国搞数学竞赛是"照搬苏修那一套""公开号召青少年走个人奋斗，只专不红的道路"，为此深感"痛心疾首、惭愧至极"。直到十几年后的 1978 年 5 月，经国务院批准中学数学竞赛才得以重新举行。

1961-1965 年间，中国科普界还有一件里程碑式的大事值得一提，即由上海少年儿童出版社编辑出版了中国版的《十万个为什么》。该书自 1961 年 4 月出版以来，短短几年时间发行了 580 多万册，并推出了维吾尔文、哈萨克文、朝鲜文、蒙古文等兄弟民族文字的版本。《十万个为什么》从最初的 8 册到 1965 年全面修订后达 14 册。著名数学家江泽涵先生、著名的数学史家、数学教育家钱宝琮先生和父亲三人是《十万个为什么1》（数学分册）的审订者。父亲还把当年有些北京市数学竞赛中出的题，收入到《十万个为什么》中，本册中的"卡车能带的汽油不够行驶到目的地，应该怎样解决"和"为什么经过有限次

30-04 20 世纪 60 年代的《十万个为什么 1》封扉照

调整后，大家的糖就变得一样多了"，就来自父亲对 1962 年两道数学竞赛试题的解析。出版社将一大包样书寄到北大中关园 20 号的住家，父亲在认真审阅后返回意见的情景，还清晰地留在记忆里。家里的几个孩子也成了最早一批翻阅《十万个为什么》的小读者。

31
颐和园龙王庙会议

1961 年国内三年困难时期接近尾声，国内经济开始恢复好转，"恢复""调整"几乎成了这一时期各个领域的关键词。

1961 年 7 月中央同意并转发了时任国务院副总理、国家科委主任聂荣臻《关于当前自然科学工作中若干政策问题的请示报告》和《关于自然科学研究机构当前工作的十四条意见（草案）》的报告。

"对近几年来，有不少的同志，在对待知识、对待知识分子的问题上，有一些片面的认识，简单粗暴的现象也有所滋长"的批评，指出"在学术工作中，一定要百花齐放、百家争鸣，不戴帽子、不拿棍子、不抓辫子"，在"十四条意见"中提出必须坚持又红又专，"对于自然科学工作者，要求他们专，是天经地义的。如果对专家不要求专，是毫无道理的。我们今天专家不是太多，而是太少，专得不是太深，而是太浅。尤其是有杰出成就的著名科学家更是太少了。我们国家是需要很多知名科学家的。自然科学工作者专的积极性是必须保护、必须鼓励的。"提出"大计划"之下还可以有"小自由"，"应当允许和鼓励科学家根据自己的专长、钻研兴趣和学术见解，提出研究课题"以及必须确保每周"六分之五的研究工作时间"等等。"报告的这些内容，在今天看来似乎没有什么惊人之处，可是在知识分子政策长时间过'左'的当时，这些意见的提出，却具有十分重要的意义。"于光远在纪念文章《在聂荣臻领导下工作十年》中还特别提到，在其后的广州会议期间"聂总还和周恩来、陈毅一起提出给知识分子脱帽加冕，恢复1956年知识分子会议确定的对待知识分子的正确态度，坚持党的八大路线"。

这年夏天，北京颐和园龙王庙迎来了国内各地的一大批数学工作者。中国数学会在这里召开了一次全国性的代数、数论、拓扑和函数论等学科的工作会议。主题之一是讨论恢复数学基本理论研究和科研发展方向问题。前些年，特别是在三年"大跃进"中，"数论、拓扑学、函数论等几个纯粹数学学科，受到的冲击与破坏最甚，实际上，已被取消了"。在中央报告和"十四条意见"颁布的背景下，国家重提基础理论和科研工作，以往受到冲击和冷遇的学科重新恢复研究，这让数学家们十分的兴奋。父亲是数论组的召集人之一，他和柯召教授负责

31-01　前排左起　庄圻泰、范会国、陈建功、熊庆来、赵进义、张世勤；第二排左起 陈翰麟、陆启铿、闵嗣鹤、程民德等

主持这次会议。熊庆来、华罗庚、范会国、程民德、庄圻泰、越民义、王元、严士健、吴方、潘承洞、尹文霖等参加了会议。

开展基础理论研究又可以理直气壮了，这让钟爱数论，却不得不多次转向的父亲此刻心情大好。

这是"文革"前中国数学会召开的一次重要会议，随后开始"四清"，几年后"文革"兴起，中国数学会的一切活动又被迫中断，长达 12 年之久。科研"十四条意见"在"文革"中作为"资产阶级的科研路线"遭到了严厉批判。

32
"文革"落难

    1966 年风起云涌的"文革"将中国社会所有的常态统统打破。正值我小学毕业,虽然后来拿到了学校 7 月份签发的毕业证书,但大学、中学已经全部停课。入学无门,我们成了在北大附小滞留最长的一届学生。5 月 25 日北大大饭厅东墙贴出《宋硕、陆平、彭珮云在文化革命中究竟干了什么?》的第一张大字报时,闲来无事,我正好在北大转悠,当时大多数支持学校党委的师生和少数反对者两派人马在大饭厅前的马路两侧呼喊、激辩,情绪异常的激动。

32-01　一张反映"文革"北大大饭厅东墙现场气氛的照片(百度)

    令人们始料不及的是 6 月 2 日《人民日报》全文转载了这张大字报。8

月5日毛主席则贴出了《炮打司令部——我的一张大字报》赞扬："全国第一张马列主义大字报和人民日报评论员的评论写得何等好啊！""文革"烽火由此爆燃。不久校园里便出现打倒国家主席刘少奇的大标语。国家主席也可以打倒？这让小学刚毕业的我吃惊不小，赶紧回附小向同学通报。再后来北大被打倒的人层出不穷，数力系29楼北面朝马路的灰墙上，也贴出"打倒资产阶级反动学术权威闵嗣鹤"的大标语。

"文革"初，北大附中红卫兵"红旗"战斗队的大姐们来附小"点燃革命火种"，我和几个同学率先成立了附小红卫兵组织"东方红"旋即加入造反行列。一天我和几个同学正在家门口卖日用百货和副食的中关园合作社"造反"，正和经理交涉，要求把所有属于"资产阶级的物品"下架倒在地上销毁掉。此时恰好邻居马伯母从身旁经过，并说了一句"你还是回自己家看看吧"，点醒我这个"造反人"。后来才知道，未能看到的一幕：父亲刚站在凳子上被批斗过。经批斗过的父亲脸色十分难看，记得事后父亲曾阴沉着脸问我们："你们是不是也要和我划清界限？"几个不懂事的孩子未置可否。不久被红卫兵抄家查封，大衣柜、箱子上贴满了封条。由于许多换洗的衣物、证件以及粮票等被封在里面，到了秋天几个孩子还穿着薄衣光着脚。后来不得不请示了有关领导，在红卫兵的监视下启封取出所需物品后再被重新贴封。"文革"时期，粮食供给每人、每家定量，细粮必须与粗粮搭配。母亲曾跑到粮店问：我家吃什么粮食？卖粮食的问：你是什么家庭？母亲老实地说，我先生是"资产阶级反动学术权威"。结果粮店的人凶狠地说："吃粗粮！"并在购粮本上专门作了标记。结果一家人跟父亲一起在一个面盆里攥窝头，吃了很长时间的粗粮。

在红卫兵造反、抄家大"破四旧"的年代，臭老九的生存权岌岌可危，哪里还有什么财产与文物保护意识？许多教授怕受连累，竟然纷纷"主动"把家中的"宝物"或"可疑物品"扔进垃圾站、甚至销毁。父亲家挂在墙上的白石老人的鱼虾画、柜子里的一摞宋拓字帖以及一些首饰、珍贵的照片等究竟是被抄走，还是"主动销毁"也不得而知。

反正在"文革"中已散失殆尽。家中箱子里被翻出来的一张民国时期的地契，成了父亲留有"变天账"的罪证。

上小学时，孩子们都特别崇拜解放军，但后来得知出身不好不能当兵，就彻底断了念想。

"文革"时幸亏自己还小，幸亏是自己"出身"不好，否则真不知道在"文革"中会做出多少出于无知与愚昧的"恶行"。

那时"家庭出身"是个人履历中非常重要的一项。家庭出身好不好？是个天大的事。出身不好，不用说甭想当兵，就是上学校、分配、就业工作、恋爱婚姻等都深受影响。那些在出身一栏填上"革干"或"工人"的同学，脸上都透着几分自豪与得意。"文革"伊始，知识分子出身的孩子们终于深切地认识到和革命军人、革命干部、工人、贫农、下中农这些"红五类"相比，虽没有被划入"地、富、反、坏、右"的"黑五类"，但出身肯定是不好的。

一次去北大看大字报，路经北大 29 楼，远远地看着一批挨训的教授乖乖地站成一排。身材不高的父亲站在高挑的系主任段学复（当年师大附中的老同学）身旁，好像高山旁的低谷，家父显得越加矮小。

"庙小神灵大，池浅王八多"，"文革"时北大作为重灾区，这句形象、经典的概括，确实是北大铺天盖地的大字报中常见的一句，这让当时在小学的我至今记忆犹新。后来得知，"池浅王八多"被领导人改为"池深王八多"。"走资派""臭老九"待遇可想而知。不少人被列入"黑帮分子"或"牛鬼蛇神"不仅被单独监管接受劳改，有的还被剃了光头。《礼记·儒行》："士可杀而不可辱也"，许多北大教师、干部，包括个别学生不堪羞辱，自杀的有几十人之多。绝望之心，生出决绝之念。在逝者身上不难见到"不降其志，不辱其身"的士子精神。逝者中就有曾先后住在燕东园、燕南园的北大副校长、著名历史学家翦伯赞等两对夫妻。而北大数力系在清理阶级队伍的不足一个月的时间里，就有 1956 年从美国归来的力学博士、计算数学专家董铁宝教授、董怀允讲师、教师陈永和以及张景昭四人，死于"文革"。董铁宝被诬陷为"美国特嫌"，其不忍逼供自杀身亡，时年 52 岁。他的死对父亲震动不小。

但在那个时候自杀就等于自绝人民、自绝党,甚至还要背上"罪该万死,死有余辜"的恶名。有人说,"历史有时是很残酷的,残酷到连给人选择的时间和机会都没有。"其实还可以补充一句:有时残酷的连解释的机会也没有。

张世龙教授晚年在《燕园絮语》中提到他的忘年交董铁宝。董曾对他说:"君子朋而不党"。董先生认为哪个政党的政策正确,他就支持,不正确就不支持。

在中国当时的政治环境,这种从孔夫子那里借用来的"悄悄话",确实显得太天真、太直白、"太反动"。

家住北大燕东园的董铁宝是父亲的同事,当年为响应周总理号召和几位教授冲破重重阻力,从美国转辗数月才回到祖国。他的小儿子董凯和我是北大附小的同年级同学,那时父亲和我都去过住在燕东园的董家。董先生和数力系的徐献瑜教授两家隔着一条小马路相望而居。因董家回国较晚,带回的自行车等许多外国新鲜玩意儿让儿时的我十分好奇。"文革"后这个当年在美国出生、有美国国籍的董凯,最终和母亲、哥哥及姐姐等选择了回归美国定居。"文革"前一家人满腔热情而来,"文革"后家破人亡的孤儿寡母悻然而去。呜呼,逢时不祥,历史对人的捉弄、与人开的玩笑,真令人唏嘘。但愿后人哀之、鉴之,不再上演"后人复哀后人"国之憾的悲剧。

中国的确有的是人、有的是知识分子,但这并不意味着这个庞大的数量就可以成为稀释、蔑视每一个个体存在的意义与价值的逻辑,就可以摈弃敬畏生命、敬畏知识的善念。

西方哲人说,苏格拉底之死让人明白了,一个社会既会迫害或处死最坏的人,也会迫害或处死最好的人,人类境况中似乎潜在地存在一些悲剧性的东西。这在中国的社会文化环境中何尝不是这样?也许,世间正是由于这些悲剧的存在,因为那入骨的悲凉,才更令人震撼、令人警醒、让人刻骨铭心。

33
一切荒谬的问题都无法回答

　　"文革"前，国内及北大各种"运动"不断，每次父亲都难以幸免。因时常挨整，为求得生存与自保，大多数知识分子早已"学乖"、"学会"夹着尾巴做人，不愿再惹是生非。父亲有数学家的认真和当真，心有余悸的他更是"战战兢兢、如临深渊、如履薄冰"。

　　早在20世纪50年代末60年代初，当时北大正开展轰轰烈烈的"教改"运动，有人提出"打倒牛家店（牛顿）""打倒柯西的极限定理"，要编一套革命化的"无产阶级的教材"。父亲不愿意参加编写，仍然按自己准备的教案讲课，因此受到批判。据亲历的学生回忆：当时一位年轻教师就在课后的教室里训斥闵先生，闵先生像一个小学生一样坐在那里，双手放在膝盖上，那位双手搭在坐椅的背上，跷着二郎腿坐在闵先生对面。闵先生低头说："我业务水平有限，思想跟不上形势，讲得不好"，年轻人用手指着自己的头以教训的口吻笑着说："你不是水平问题！你是这里有问题！"

　　精神长期高度紧张，父亲很早就患了高血压，后屋书房的书架上摆一排药瓶。"文革"时北大成了重灾区，在半军事化管理下，早晨集体出操跑步是个规定的必选项目，也是改造资产阶级知识分子的一部分。父亲曾给我写信说："我的高血压，引起心绞痛。走路稍快或劳动略强就痛。"无奈，"文革"中还是被强令跑步，当犯病时，父说"心绞痛"，被工宣队员讥讽地呵斥："你是心痛还是脚痛？"悲剧是这样酿成的：一方面是根本没有这方面医学知识的管理者；另一方面是出于朴素的阶级感情，对"狡猾的、旧的资产阶级知识分子"的反感与厌恶，其一言一行，自然保持高度警惕。"一切荒谬的问题都是无法回答的"，在这个人性扭曲的年代，在"臭老九"没有什么好东西的思维定式里，父亲还能说什么？辩解什么呢？

一次父亲与军宣队的头头、时任北大"革委会"主任的 W 君在路上迎面相遇，父亲出于礼貌向他打招呼。没想到此公竟扭过头根本不予理睬，扬长而去。行伍出身的军代表对愚拙的知识分子看来并不感兴趣。这被人鄙视、自蒙羞辱的一幕令父亲十分的尴尬与不悦。可谁让你是资产阶级知识分子、是臭老九呢？

1966 年毛主席曾发表了"五七指示"，要求全国各行各业都要办成一个大学校，学政治、学军事、学文化、又能从事农副业生产、又

33-01　教职员工同当地的贫下中农一起参加修固鲤鱼洲圩堤大会战

能办一些中小工厂，生产自己需要的若干产品和与国家等价交换的产品，同时也要批判资产阶级。到了 1968 年各个机关、院校纷纷响应毛主席号召，一时间"五七干校"，在全国遍地开花。一条改造知识分子、机关干部的新路在"文革"中由此开启。清华、北大的"五七干校"选在了被告知"绝对没有血吸虫"且"有利于"改造知识分子的江西鄱阳湖畔鲤鱼洲的中段和南段，自 1969 年 5 月开始，北大教职工和家属先后有 2000 多人、清华有 3000 多人赴江西鲤鱼洲，"办起教育革命的试验农场"。

1970 年 10 月《人民画报》专门以"知识分子改造的必由之路"为题，刊登了一组清华、北大教职员工在鲤鱼洲批判"反革命修正主义教育路线"，接受贫下中农再教育的照片，其中一幅大照片为两校教职员工与贫下中农一起"修固鲤鱼洲圩堤大会战"，这是接受锻炼和脱胎换骨的改造。由于鲤鱼洲血吸虫比较猖獗，北大"地段属血吸虫中等疫区"，到 1970 年时"查了 1500 人左右，被感染的人占总人数 48%"，一些支左的军宣队人员也受到感染。[①]1971 年普查时北大一批 129 人的教职工中 89% 查出有血吸虫。

父亲身体不好，心脏病严重，他曾对去江西鲤鱼洲和湖北开门办学八个月心生忌惮。虽然来信告诉我，他已做好卷起铺盖出发的准备，最终父亲还是被单位照顾了一下，去了北大 200 号和北京地质仪器厂。客观地说，"文革"中父亲的境遇和那些经常挨整，被关进牛棚、扇过耳光、挨过拳脚或死于非命的人相比，还算不了什么，记得有人就对我们说过，北大对闵先生算是客气的。比父亲年长 3 岁的数力系教授徐献瑜先生虽然已年过六旬，还是被下放到鲤鱼洲干校种田养鸡两年。后来，他女儿徐泓看过这位海归博士当时写的日记，评价是"满纸鸡事"。

---

① 参见卢鸿盛《从未名湖到鲤鱼洲——1969 年 3 月至 1972 年 5 月在北大支左的回忆与感念》（2016.12），此书为非正式出版物，现藏于北京大学图书馆（21101003931237）。关于这段历史的回忆还可参见陈平原主编的《鲤鱼洲纪事》，北京大学出版社，2012 年版。

34

宗教信仰：福兮？祸兮？

　　20世纪三四十年代，西南联大的许多人染上过伤寒病，父亲未能幸免。重病时父亲已神志不清处于休克状态，大夫告诉家人准备后事吧。几乎走到死亡边缘的父亲最终还是死里逃生，渐渐地恢复过来。据父亲后来讲，医生、护士除了竭尽全力地救治外，大夫为他传授福音，一位照看的护士一直在床边为他祷告。新生的喜悦让父亲萌发了对宗教最初的好感，似乎也感受到信仰的力量。留学英伦时的失恋，又是宗教再次给予了父亲心灵的慰藉。笃信基督教最终成了父亲信仰的选择，也是他一生的选择。

　　1954年青岛大学青年教师迟树檀到北大数学系听课，原本与父亲素不相识，由于北大当时住宿紧张，无法为进修生安排住宿，却因彼此信仰相同，父亲干脆把他接到家里来住，平时的聚会和每天饭前祷告成为家中的一种仪式。小时曾和父母去过坐落于北京西城区的西四南大街574号缸瓦市教堂。教堂由英国伦敦会（London Missionary Society）于1863年所创建，以及宽街的教堂。母亲为唱诗班弹过琴。

　　从新中国成立前过来的知识分子当时被称之为"旧知识分子"，后

34-01　牛津　Exeter College 小教堂

34-02　北京缸瓦市教堂

来被称为"资产阶级知识分子"。他们的思想、世界观、特别是宗教信仰等，在新中国成立后，一直是个需要重点改造的大问题。新中国成立之初可谓百废待兴，又面临着政治、经济和意识形态等国内外多方面的严峻挑战。1950 年后大学开展"知识分子思想改造运动"，继而全国的"肃反运动"，都是基于这样的背景。

1955 年 7 月北大召开"肃反工作"动员会，8 月北大"教职员、研究生、进修教师的肃反开始坦白检举阶段"。新中国成立后父亲因在家里举行教友聚会被检举。20 世纪 50 年代初曾做过父亲助教、八十年代时任北大校长的数学家丁石孙先生，在他晚年的访谈录中专门提到"肃反"对父亲的影响，他说："闵嗣鹤是基督徒，家里房子比较大，经常有些人在他家做礼拜"。基督教传道人"王明道被捕后，闵嗣鹤就成了'肃反'对象。我还受组织指派跟段学复一起找他谈过话。这些事情现在看来很可笑，但在当时还作为很认真的事来做"，"'肃反'运动后，闵嗣鹤说话就变得极为谨慎了。"肃反运动在北大持续了两个月后，终于告一段落。

王明道后来因"反革命罪"被捕，1963 年北京高级人民法院的终审判决书中写道：王明道，"解放后一贯坚持反动立场，仇视社会主义制度，利用宗教活动散布反革命言论，污蔑新社会。"父亲在五十年代初参与这类人组织的宗教礼拜活动自然难脱干系。当年表姑闵嗣华假期正在我家小住，看到父母阴沉着脸在院子里踱来踱去，知道事情不妙，赶紧提前回了天津自己的家。

书铺胡同二号大概与宗教信仰有缘。早年住在这里的全绍文父子就信奉基督教。其父满族人爱新觉罗·全耀东1937年八二高寿去世。《燕大友声》刊登的讣文中就有："晚清西学东渐以世胄而习新学者甚鲜，以世胄而皈基督者更鲜"之语。书铺胡同二号易主到英国人、燕京大学的贝卢思女士，她则是个地道的基督教徒。从英美留学归来，笃信基督教的父亲或许对书铺胡同二号这段与基督教信仰有关的前史未必知晓。

1966年，"文化大革命"开始后，缸瓦市等教堂被迫停止聚会。"破四旧"席卷全国。十三四岁的我，根本不懂什么是祷告，反正一直看不惯父亲吃饭前先要闭一会儿眼。在我的动议下，决定先从《圣经》下手。于是在后屋窗外挖了个坑点燃了中文版《圣经》等一些被认为"四旧"的东西。父亲站在一旁看着家中"造反派们"的所作所为，看着火光面有难色却默然无语，敢怒不敢言。没想到老爸还有英文版的《圣经》，据父亲的学生李忠后来回忆，当年红卫兵来抄家多次，是父亲在红卫兵抄家后费尽口舌从他们手中要回的一本。

"文革"时教授们在北大被集中住宿交代管制时，数力系的教师被关在北大南门附近一幢坐北朝南的灰楼里。这些人都是有"历史问题"或"现实问题"的。关了近一个月，由于不能洗澡父亲身上都长了虱子，回家时曾帮助父亲捉了好一阵。

当时与父亲同被管束在那里的冷生明先生后来对我们讲："闵先生晚上在被窝里偷偷地祷告。"阿伦·瓦茨说过，"大多数人信上帝是为了感觉到安全"，信仰"成了一个人坚持下去，抓牢生活并为自己而活的一种尝试"。苏格拉底则告诫道，"一个人应该等待，在神没有召唤他之前，不要结束自己的生命。"或许，如果没有宗教力量的支撑，父亲未必能撑得过北大"文革"中最恐怖、最黑暗的时期。

苏泉记得"文革"期间，父亲经常将自己关在后面的卧室中。出于好奇，一次她搬来了一个高脚凳子爬上去，站在凳子上面通过反锁的门上面的玻璃窗向里面悄悄地张望：发现父亲坐在床头背向着门在看一本红皮的小本书。当时她并不知道父亲在看什么，也不清楚父亲为何要看，后来才明白父亲是在看《圣经》。

性格压抑，略显懦弱的父亲，内心又有十分倔强、十分坚毅的一面。他对数学特别是数论的热爱，是什么力量也无法阻断的。父亲对宗教亦是充满了虔诚和感情，即便在"文革"被批判的年代，他私下也曾对当年的学生李忠表示"我死都不会退教"的誓言。一个人过有信仰的生活，亦是过一种有尊严的生活。尊严的内涵中即包括德国诗人席勒说的获得"受难中的平静"，父亲在危难时是在寻求心灵的庇护者与避难所。

人有时无法百摆脱苦难、荒诞、被禁锢的命运或身体，却仍然可以选择他心灵的自由和对现实与生活的态度。"文革"初期北大数力系的"怪才"、书铺胡同二号的常客李同孚，被列入"黑帮劳改队"，还被剃了光头。有一次这群"牛鬼蛇神"正在未名湖畔劳动。父亲在学校途中，曾与他们不期而遇。回到家里父亲对家人讲，他今天见到了"黑帮分子"李同孚，李同孚见到他从旁边走过，一直冲着父亲怪笑着、并做着鬼脸。"文革"中处于精神高度紧张的父亲或许有避之不及的心理，但他所讲述的这瞬间一幕，却给我留下了深刻的印象。

"文革"时在北大附中填写个人履历表"信仰"一栏时，我填的是毛泽东（思想）。在对毛主席无限忠于和崇拜的时代，这的确是出于一种真诚。虽然，宪法中明文规定公民有信仰的自由，但在那个年代显得那么具有讽刺、那么可笑和苍白无力。

《新教伦理与资本主义》一书的作者德国著名思想家韦伯曾谈到一次在坐火车时的经历。他和邻座探讨信仰问题及其对人的影响，韦伯发现有信仰和无信仰的人大不一样。有信仰的人你可以知道他不会做什么，而没有信仰的人，你既不知道他会做什么，也不知道他不会做什么。在韦伯看来：没有信仰的人比有信仰的人危险得多、可怕得多。"哀莫大于心死"和有信仰的人以及究竟信仰什么相比，没有信仰或失去信仰的人和群体难道不是更可怕吗？

35
几寸高的交代材料

这是一个批判和自我批判，揭发和自我揭发的时代。呜呼，一时间不知多少人陷入了不仅"失去说话的自由"，而且失去了"没有不说话的自由"的困境。"举国欲杀"或"千人唾骂"的代表人物从中央到地方、从上到下，遍及各个领域各行各业。

作为有"历史"和"现实问题"的人要老实交代本人所有的问题和社会关系、所有认识的相关的人。记得父亲交代相识的外国人时，因为不易翻译成中文人名，就被训斥过有意刁难，有"狡诈"之嫌。此外，组织上还要根据本人的交代，派人到全国各地开展内查外调。如果认为你不老实，就要反复写交代材料。父亲写的材料有几寸高。"文革"后期，我们曾翻阅过，有些模糊的印象。可惜搬家时未及时取走，遗失殆尽。

父亲的交代材料写得十分认真，涉及个人历史、人际交往、宗教，在他的分类中已经甲乙丙丁写到戊，仅存的几页"交代材料:37–45"中，每一时间段做了什么？住在哪？谁是证明人？都必须很清楚。如1937年至1945年，父亲交代了在联大给陈省身先生做助教、与华罗庚一起逃警报、在农业中学和龙渊中学代课、参加中英庚款留学考试等 7 段历史，其中涉及的证明人有：杨武之、华罗庚、黄子卿、蓝仲熊、王湘浩、段学复、吴光磊、许宝騄等诸位。一时间人人自危、个个自保，惟恐"有问题的人"与自己有牵连。包括母亲在内的不少家属也忙着用笔涂抹或用纸粘贴住一些人的姓名。涂抹、粘贴，撇清的是文字或人名，却并不能遮蔽和改变历史。看来，父亲也未能独善其身，站在道德的高地。

记得父亲在交代材料里，就检讨过作为旧社会过来的知识分子的旧思想、甚至"反动思想"，哪怕是灵魂深处的"一闪念"。比如，毛泽东主席的《沁园春·雪》写于 1936 年，1945 年 10 月毛主席在重庆曾手书词赠柳亚子先生，当年 11 月 4 日，重庆《新民报》晚刊据传抄件刊出。"北国风光，千里冰封，万里雪飘。惜秦皇汉武，略输文采；唐宗宋祖，稍逊风骚。一代天骄，成吉思汗，只识弯弓射大雕，俱往矣，数风流人物，还看今朝。"这篇气势磅礴的词，在当时被知识界广为知晓。时任《大公报》总编辑的王云五曾隐讳地批评过毛泽东《沁园春·雪》的词中拿"秦皇汉武"、"唐宗宋祖"来比量，有明显的帝王思想，父亲也深以为是。这在"文革"中当然属于对领袖的不尊不敬，是必须交代和批判的。

父亲一生对理论、法则、定理甚为敬重。对于大数学家把主要精力耗费在比较简单的、经验性的实际工作中并不以为然，甚至为此而惋惜。这在"文革"年代是典型的"脱离实际"、藐视"实践"。所以父亲不得不批判自己关于"实践—理论—实践"的"无穷序列中，任意取相邻三次"也可以是"理论—实践—理论"的谬论，以及"中国古代数学（如九章算经）都是比较结合实际的。但由于过分结合实际，反而不能发展出像欧几里得那样的几何来"的"错误思想"。父亲在交代材料中甚至写道："这是我对毛主席的不忠，我要向他老人家低头认罪。"

究竟实践和经验在先、重要，还是理论在先、重要？这的确不是可以简单回答的问题，不过在一个科学高度发展，人类的社会实践与认识越来越深入和复杂的条件下，理论及其引导的作用，已经越来越凸显。"摸着石头可以过河，却不能过海"。吾师北大哲学系的教授朱德生先生曾如是说。

在父亲经过隔离审查以及内查外调，问题基本搞清楚之后，在"文革"后期开始被安排点事并介入备课和研究。父亲一时兴起，数学家的思维逻辑在瞬间中跳跃、勾连。科学与人文、抽象与具体、历史和现实，父亲竟在一张演算手稿的下半部分和背后默记下明朝忠臣于谦的《石灰吟》："千锤万凿出深山，烈火焚烧若等闲"，"粉骨碎身浑不怕，要留清白在人间"和杜甫的《客至》"舍南舍北皆春水，但见群鸥日日来。"以诗言志，父亲一生的磨难，做人的志趣、心中的不屈、矛盾、寂寞和苦闷，似乎没有什么比诗更能表达。

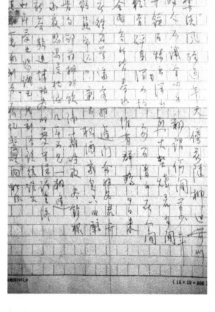

35-01 "文革"中一页手稿的正背面

知父何年

在中国传统文化中"学而优则仕"已成定则，鲜有"不党不群"、特立独行者。民国时期，国民党千方百计拉拢各界英才。像华罗庚先生这样"天才卓越，著作宏富"的精英自然被拉入党内。在抗战国共合作时，双方都在争夺人才，学者出身时任民国教育部长的朱家骅博士就多次致函华罗庚希望吸纳党员。华罗庚后来重新登记加入了国民党，1943年在西南联大华先生曾先后介绍联大多位知名教授以及身为教员的父亲等多人集体加入国民党。新中国成立后这自然是一桩抹不掉的"历史问题"。此教训是十分深刻的，后来当父亲曾被征询是否加入党组织时，胆小怕事心有余悸的他，遂婉言谢绝。父亲笃定要超然一身，不敢再靠近或加入任何组织。但历史总是一再捉弄人，一心想"以学术为业"不为官、不入党，远离政治的父亲，政治却始终对他纠缠不已，没有离开过他，这绝不是父亲这类旧知识分子个人的宿命。

"文革"后期，一部分"问题清楚"的教授被允许听传达中央文件，这在那时也是一种很高的"政治待遇"。一次父亲回家对我讲：今天在北大办公楼听传达，每个人的座位前后是按行政及教授级别来安排的。父亲坐下后回头一看，北大当年的风云人物、有"老佛爷"之称的聂元梓还坐在他身后几排。看得出这令"文革"中受虐的父亲、这位"老九"，多少有几分得意和开心。

父亲一生发表了不少论文，但从"四清"以及"文革"前期山雨欲来的1965年后，到1973年之前，没有发表过一篇文章。这当然不是知识分子学术档案空白的个案，"文革"十年浩劫，知识分子的命运大多如此。父亲这一代数学家他们在学术上进一步建树的可能性，被他们人生经历的蹉跎与丰富性遮蔽了。

难怪，"文革"后女作家谌容发表的小说《减去十岁》一时间被广为传诵。"减去十岁""还我十年"，这成为几代人发自心底的呼喊。人生苦短，光阴似箭，一个人和他的学术生涯有几个十年？一个人终其一生能做出点对社会、对国家和大众有意义的成就实属不易。可惜我们的不少学者在"文革"前甚至"没有专心念一年书的经历",却在其他方面耗费太多太多的精力、时间甚至生命。

"文革"之罪,非一时间的停工、停产、停学,而是罪在人性被扭曲、人的尊严被践踏、人的聪明才智被消磨、善恶天平遭倾覆,却久久未能修复;而在"文革"中被毁掉或自毁的有形及无形的财富更是难以计数。

尽管如此,逆境中国内的一些学者在受到冲击、批判、再教育与锻炼的同时,仍然做出了不少出色的成绩。北大生物学家沈同教授之女沈逾私下曾对我发出这样的感慨:"咱们的父辈其实比当时在国外的一些美籍华人棒多了。"我想,或许可以说并不逊色。

"文革"的浩劫虽然客观上,也让人受到了某种历练:远离了学校与学术,在"五七干校"也许练就了好身体;没学可上的孩子因父母被管束或整天学习、开会,而无人照顾,只好每天脖子上挂把钥匙,像流浪狗一样东家走西家串,却培养了能吃苦耐劳的精神;家长在"文革"中死于非命,儿女们由此自强自立。坏事变好事,但这不能成为"文革"本身就是一件好事的逻辑。

36
干脆当个印刷工

　　法国学者、诗人瓦莱里曾说过：两种危险始终威胁着人类：秩序和混乱。"文革"兴起，有许多事令人始料不及。毛泽东发动"文化大革命"，希望通过天下大乱达到天下大治。但"文革"的潘多拉盒子一经打开，就一发不可收拾。从秩序到混乱，再从混乱到秩序。没有人料到"文革"竟持续了整整十年才告终结。1966年初夏毕业的小学生、中学生、大学生，一时间突然都没有了学可上。大学停办，接受工人阶级再教育，把"臭老九"整得绝了望、死了心。足见当年"斗争哲学"的厉害，以及人们在灵魂深处闹革命的效果。由于大学已经停办，对不少被称讥讽为"手不能提篮，肩不能挑担"，没有其他一技之长的老九们来说，能进工厂，有口饭吃，已是欣然。

　　1969年8月北大成立了十个下厂小分队共224人，其中教职工79人，看来父亲是被列入改造的对象之一，他被派往新华印刷厂下放劳动，接受工人阶级再教育。他是小分队中仅有的五名正副教授中的一名。不过他很喜欢印刷厂，和工人师傅们相处得也不错，他喜欢书、喜欢闻到书卷中油墨的清香。父亲和当时许多人一样，对像自己这样的"资产阶级知识分子"，以后还能否继续待在大学里教书并不抱多大希望。经过北大几次大规模清理阶级队伍运动，在命运未卜的年代，被放逐的身心成了"寻找大地的'异乡者'"。在父亲的交代材料里他甚至想好了：希望审查完毕，运动结束以后，干脆到印刷厂当个工人。或许父亲心中也曾生出季羡林先生在《牛棚杂忆》中的那种感叹：下辈子"千万别再把我弄成知识分子"。现实比父亲想象的要好些，在"文革"后期，在"给出路"政策的关照下，开始发挥所长，这都是后话了。

"文革"时六六届到六九届的高中、初中毕业生，为响应毛主席知识青年上山下乡，接受贫下中农再教育的号召，几乎全部去了农村插队，或去了东北、内蒙古、新疆以及云南等边远地区的生产建设兵团"屯垦戍边"。在"文革"时，最好的去向一是到部队当兵，但这需要出身好，有关系；二是去工厂，一进了工厂就改变了身份，一下子就变成了无产阶级、领导阶级。同样是走出学校大门的学生，可差别怎么就那么大呢？

父亲喜欢书，常常翻开书让孩子闻闻书香。对于家中的不少书，父亲都精心地用牛皮纸等纸张包上书皮，包括孩子们刚上小学时用的课本。"文革"前家中除了父亲从国外带回的大批外文数学书外，各种中英文版的小说、名人字帖，堆满了书架。但"文革"中除了马列和毛主席的著作、语录，几乎所有的书都成了禁书。

唯一的例外就是可以读鲁迅的著作。在阶级斗争的年代，鲁迅是作为批判旧世界、杀向敌人、破旧立新的旗手、投向敌人的匕首。鲁迅的书是仅次于《毛选》在"文革"中印量最大的书。当年，父亲曾买来英文版和中文版的鲁迅杂文来读，并时而给孩子们念叨书中的情节。在他既是为了"斗私批修"、"灵魂深处闹革命"，也是为了能堂而皇之地读读英文，消遣和排除心中的苦闷。

"革命的或不革命的或反革命的知识分子的最后的分界，看其是否愿意并且实行和工农民众相结合。"毛主席当年的语录1949年后成了衡量知识分子政治取向的分水岭，作为一个群体的知识分子下厂、下

36-01　教授们在北京毛纺厂前留影，前排左起为吴光磊、江泽涵、申又枨、闵嗣鹤等，后排右二为庄圻泰

乡便为常态。

　　"文革"前和"文革"中，父亲曾在多家工厂下放锻炼，接受再教育。从1958年"大跃进"时期去过北京清河第二毛纺厂，到"文革"中随小分队到北京新华印刷厂，再到位于东郊酒仙桥的北京地质仪器厂，还利用周末到工人师傅家里去辅导数学。父亲经常要拖着有病的身体奔波在海淀、西城、宣武和朝阳几个区之间。生前去的最后一个单位是河北徐水646厂的物探局计算中心，不过在那里他得到工人和技术人员的尊重和肯定，让父亲颇为感动。

37

爸，我想学数学

父亲成家较晚，长子乐泉出生时，父亲已 38 岁。到"文革"时，身边四个孩子最大不过十五岁。长子乐泉是当时孩子们中受正规教育最多、最长的一个，因为"文革"时他已上到初中二年级。我那时小学六年级刚毕业，爱泉、苏泉两个妹妹还在上小学。

我似乎天生没有数学细胞，学习心浮气躁。小学毕业考试时曾被教导主任教数学的董老师叫去当面责问："数学家的儿子数学怎么学成这样！"无知者无畏，那时懂事不多的我对数学家是怎么回事尚不甚了了，更不知道因此而感到汗颜。估计父亲在学习上对我并没有抱多大希望。

1968 年乐泉 17 岁上山下乡，来到位于内蒙古、吉林和黑龙江三省交界的白城突泉开始了几年的插队生活。在农村后期知青们已开始纷纷自学或动手制作小电器等，希望通过自救摆脱枯燥的生活和命运。乐泉觉得自己与其他同学比没有什么特长，便开始一门心思自学数学，看起了同学家长带来的一本《高等数学教程》。后来又从家里找来 20 世纪五六十年代出版的吉米多维奇《高等数学》。或许他受到父亲遗传基因的影响，对数学越来越感兴趣，劳动之余便没完没了地做起数学习题集，在昏暗的烟油灯前看书，脑门有时都熏黑了。

一次乐泉探亲回家给父亲看他做的数学题本，并对父亲说，"爸，我想学数学。"父亲看着他演算的数学题，颇为伤感。数学家的儿子想学数学，本应是件令父亲欣慰的事。然而，此时是"文革"年代，父亲自己这辈子因为学数学，经历了多少磨难？回国后，"文革"中父亲因为搞的数论"脱离实际"而没少获罪检讨。何况，能够领略数学群山之美的父亲，自然知道一路攀登是何等的艰辛。前车之鉴，如今长子想学数学，确实"生不逢时"。

数学大师英国剑桥分析学派的领袖哈代曾经说过：数学是"一种年轻人的游戏"。父亲 20 岁已经在刊物上发表数学论文，他在农村的儿子已二十出头，"文革"停课，初中没毕业，学业荒废了多年，已经错过了学数学的最佳时机。加之农村极为艰苦的条件，根本没有自己当年在中学和大学期间，身边有像傅种孙、程廷熙（1890-1972）这样的教育家、数学家，有庚款留法的数学博士范会国（1898-1983）、留法博士赵进义（1902-1972）以及秀才出身、庚款留美的哈佛数学硕士王仁辅（1886-1959）等教授担任教席，还有清华大学教授杨武之博士在师大兼课。即便在抗战年代的西南边陲，在联大、在防空洞里，依然可以有和陈省身、华罗庚、杨武之等一大批成就卓著的师友切磋数学的机遇与氛围。

一个人在学业上所能达到的高度，在很大程度上是由身边人的学术高度所决定的，自己的儿子怎么可能学出来呢？他哪里具备学出成就的条件？乐泉注意到父亲复杂的表情与痛苦，父亲最终还是委婉地劝乐泉"还是不要学数学吧"。

令父亲始料不及的是，他的长子从一个农村插队的知青、一个钻井工、一个从学钻井专业出身的大学生，逐渐向数学靠近。在后来他的儿子通过一条迂回曲折的道路之后，最终还是选择并与数学结缘，几十年锲而不舍，乐此不疲。说来有意思的是，乐泉也先后在英国和美国访学两年，父亲当年的留学之旅，仿佛又被他重走了一回。

乐泉对数学与科研相当的痴迷，研究和解决问题，似乎成了他生存中最大的兴趣和动力，也成为兄妹间彼此交谈时大家不能不听他说，且许多也听不懂的永恒话题。几个弟妹和亲友们私下里议论，像大哥乐泉这么勤奋努力、这么"玩命"，从不懈怠的钻研法，令人惊奇的不是会取得点成就，而是竟没有取得成绩。如今大哥从教几十年，成为一位小有成就和影响的数学教授、博士生导师。或许，这是一代经历"文革"磨难没有受过完整教育的知青学子所能够攀登到的一定高度，这大概是父亲做梦也想不到的。

俗话说，有其父必有其子，二儿子则是个例外，进取心不足，数学一塌糊涂；长子乐泉却脚踏实地勇于进取，也算实现了"子承父业"。数学之家衣钵相传香火不绝，这或许是冥冥之中一种命运的安排吧？我想父亲的在天之灵也会快慰的吧！

38

非不能也，不为也

　　父亲这一辈人，受过很多磨难，也享受过比较优越的生活。但他们大多对外在的物质需求并不高，颇有儒家的"孔颜之乐"。对于自己要求颇严，对于他人既无苛求，也轻易不愿意麻烦人。

　　20世纪五六十年代乃至"文革"中，由于外界的经济封锁，国内三年困难时期等诸多原因，国内始终是一个物质生活相当匮乏的社会。供给制、分配制兼而有之的消费模式，使全国城市居民每户手中都有购货本，每月要按家庭人口和年龄核发不同的粮票、布票、油票、肉票、肥皂票等等。这些票证都是在当地和当月有效，过期作废。为此家家户户是精打细算，精明的上海人曾以在本市发行半两粮票，为全国人民所乐道。那时，如果某人需要到外地出差，必须要到单位开具证明才能用本地粮票兑换成全国通用粮票。因此,谁有多余的全国通用粮票、布票，是一件非常令人羡慕的事。

　　在人人离不开组织和单位的年代，换粮票，并不是一件容易的事，需要打报告申请、到单位开介绍信、证明信等一系列烦琐的手续。"文革"中，家里两个正值长身体的儿子上山下乡，经常告急粮食不够吃，布票不够用，或偶尔想用"全国粮票"和当地老百姓换点鸡蛋什么的。逼得父亲时不时跑到单位，不仅要看人的脸色和心情，有时还拒不办理。一次父亲来信对我讲，希望我们谅解，"真犯不上去那里争一回"。从1955年开启的"票证经济"持续了38年终于在1993年退出了历史舞台。

父亲总是把做事情放到第一位，对于名利十分淡薄，为人不争。"文革"中住房被分割掉一半，父亲蜗居在客厅兼卧室的一间斗室里，进门就堵着一张写字台，还有一个烧蜂窝煤的大炉子，只要有人进出门，必须起身让道。但父亲却不以为然，照样做着自己的数学运算。他对于是几级教授，是不是学部委员，学术研究能否获奖，并不很介意，得失淡然。知足常乐，吃亏是福，但求适志，耻为标榜。对于争名于朝，争利于市，斤斤计较个人得失的事，家父非不能也，实不为也。在现在人看来相当迂腐的信条，在父亲那里成了坚守的底线。

38-01　北大物理系大楼前与父亲合影照　　38-02　父亲照

　　记得那时在中关园住所看到阳光透过门顶狭小的木窗玻璃，洒在父亲的身上和书桌的算纸上，听到他高兴地哼着京剧小曲，我后来才理解对于一个内心世界沉溺于数学天地并从中享受到快乐的人，外部世界的大小和物质生活多寡等烦扰已经不再重要。

　　大约 1972 年我和哥哥曾分别从内蒙古边陲回家探亲，一家人难得相聚，大妹找来照相机在中关园的斗室前和北大的物理大楼为父亲照相并与父亲合影。身患重病，颇受压抑的父亲，只有在自己钟爱的子女面前才笑得那样开心与深情。"所有的合影都是唯一"，这是"文革"中仅有的、也是最后一次父亲和暂时回到身边的儿女合影。

39

遥远的家书：你爸的字写得真好

父亲那一辈人大多都是人人文理兼通，鲜有偏科。父亲的古文、文学颇有素养，毛笔字、钢笔字都写得非常漂亮，素描、钢笔画也让母亲赞叹不已。"文革"前家里书柜中收藏的一些书法名帖，有的都是用上等的香樟木为函套，十分精美。父亲特别喜欢用毛笔和钢笔写字，一方正背铭文："结翰缘墨"，"墨香磅礴天空海阔"雍正乙卯年间的端砚，是父亲研墨书写时的最爱，家中房间里还挂着齐白石老人画的鱼虾等。那时绝大多数人温饱尚且不足，根本没有文物意识，加之"文革"中多次抄家，几乎殆尽。

20世纪五六十年代人们的主要书写工具是铅笔、毛笔和钢笔。当时美国的"派克"钢笔是最有名的。在"超英赶美"的年代，"派克"自然在赶超之列。于是一支上海产"英雄牌"18K金笔，便应运而生。父亲那支紫红色的英雄钢笔让他爱不释手，随身携带。那时笔尖写得不好用了，可以直接拿到海淀的商店或银行兑换现金或添点钱更换一个新的笔尖。父亲对钢笔的钟爱，也遗传到了孩子们，如今英雄钢笔仍然为我所爱，喜欢父亲喜欢的紫红色，喜欢钢笔的环保与书写的秀美与流畅。

记得有一年父亲在北大校医院住院，难得有闲，坐在床上望着窗外的风景画起了钢笔速写，可惜一幅也没有留下。五六十年代医院里的病号饭比一般家庭的伙食要好得多。医生要是给谁开了一餐病号饭，那简直是一种特殊的待遇和享受。有一次去医院看父亲，正赶上吃蛋炒饭，便和父亲分了一半，真是好吃极了，直到现在，对蛋炒饭还情有独钟。

说到吃，不得不提 20 世纪 60 年代初国民经济困难时期，又逢严重的困难时期，即便是在首都京城、在北大，师生有时也因为吃不饱不得不而爬上树摘榆树钱、柳树叶和上玉米面蒸着吃。那时小学生因营养不良人人浮肿，老师们检查健康状况，挨个按学生额头，结果都是一按一个坑。教授们有点特殊待遇，记得父亲曾发过肉票和一张鸽子肉的票，我跑到北大西南门外的老虎洞商店去兑换。母亲回忆，困难时期家里鸡下了蛋，也全部留给孩子们吃。

父亲的好友天津音乐学院作曲系主任许勇三之子许同春，当时正在北大地球物理系上学，他看我们小孩吃不饱，不时将他在学校节省下的饭票，买几个馒头或发糕，急匆匆地骑车送到家里，让我们充饥、解馋。

那时外出演讲没有投影等现代设备，父亲都要到小卖部买全开的白纸，一张一张自己亲自用毛笔书写、画图然后卷成一卷带到会场，或者干脆画到毛玻璃上面像放幻灯片一样演示。

那个年代除了系主任外（相当于司局级或处级），一般教授家庭也都没有电话，有紧急的事，传递个信息联系的方式就是靠跑腿，"你跑一趟吧"，就是那时的口头禅。远距离联系主要是电报和书信，一般人要发一封电报，除了要考虑价格，精打细算地计算电报的"最佳"字数外，家住北大的人还得跑到海淀黄庄。如果赶上邮局不开门或下了班，非得要跑到北京西单电报大楼才行。所以，除非家里及亲友发生了火烧眉毛的事，那时相隔千里书信传情成为唯一的方式，那种翘首张望的感觉，真有"家书抵万金"的滋味。这非现在通过电话、手机、

39-01　钢笔书信照

电子邮件、QQ 或微信等即时交流可同日而语。

　　每当在内蒙古兵团收到"北京大学，闵寄"的信，每封信的抬头往往是一句标准口号："敬祝毛主席万寿无疆"。身边的人都赞叹"你爸的字写得真好"。至今几个子女写的字，没有一个达到父母当年的模样，功力不到，不服还真不行。如今仅存的五封父亲寄来的信，三封提到："希望你多来信"、"有空多写信来"，"常给我们写信"，"见信如见人，很能减少牵挂"一类的话。在头二三年，连队不允许兵团战士回家探亲，远在西北边陲的儿子，父亲又能期盼什么？那时根本不懂得父母的那份牵挂，更想不到父亲是一个心脏病很严重的人。父亲恐怕担心急切有故，召之不得，万一心脏病突发，会再也见不到我们。但在不懂事的孩子心中，那种"万一"才会发生什么不幸的事，仿佛压根就不存在，至少离自己非常的遥远。很后悔对父亲的关爱太少、给父亲写的信太少，父亲书信留下的也太少。

　　俗话说心灵手巧、字如其人。究竟两者是不是这种关系？反正在我看来其相关度确实相当高。父亲闲暇时就总爱为家里修理东西，连家人的头发长了，他都坚持由他亲自修理。

　　2013 年收拾材料，翻出父亲 40 年代在英国牛津写的博士论文等，英文部分是用打字机打的，数学公式等部分全是靠手书写上去的。斯人已逝，历史已经远去，触摸着父亲的手稿似乎感受到他的气息，父亲的音容笑貌久久挥之不去。

40 速算奇才史丰收 "事件"

40-01 信件第一页

1972年，年仅16岁的"神算"史丰收曾轰动京城迅及全国，一时间人们口耳相传，连远在千里之外的内蒙古边陲，亦闻得大名。兵团的一位战友对我说："你父亲是北大的数学教授，你写信问问你爸，速算是怎么回事"。我8月15日寄出的信，父亲8月20日就写了回信。这是父亲生前给我写的最后一封信，我没有想到父亲就是测试史丰收的亲历者之一。

1972年，史丰收，怀

揣西北大学刘致和教授的信，敲开了北师大教工宿舍赵慈庚教授的家门。赵先生打量着老同学介绍的这位"速算神童"并攀谈起来。经过初步测试，赵先生认为史丰收确实名不虚传，便先后带他到学校等地演示引起了很大的轰动。当时仍深陷"文革"泥淖的科学家吴有训、华罗庚等都亲自接待了他。在华罗庚希望身在师大的赵慈庚组织人对史丰收的算法作出总结的建议下，赵先生首先想到带史丰收去见在北大的老同学闵嗣鹤。于是，赵慈庚教授又从北师大带着 16 岁的史丰收到北大中关园 20 号甲见父亲。

"文革"中房间被割去一半的斗室迎门屋里摆着一张床和一张黑色的写字台，几乎再没有插脚之地，这让史丰收十分吃惊。当赵先生和史丰收讲完来意，家父立即决定去北大找时任校领导的同系好友周培源教授。父亲不顾京城 7 月的暑热，不顾年老体弱，拖着带病的身体，奔走于中关园和北大的燕园之间。在父亲的推荐和周培源先生的大力支持下，北大数力系组织教授对史丰收考核。撰写《史丰收数字传奇》的雷风行先生在书中曾讲到一个插曲，当时父亲见史丰收头发较长，为了让他在大庭广众面前显得精精神神，便专门拿出理发工具为史丰收理了发。父亲会理发，也愿意为他人理发，但是否为史丰收理过发？不知是不是作家的演绎。这次在场参加对史丰收测试的有周培源、系主任段学复、父亲和丁石孙等。

在《史丰收速算法》一文的前言中史丰收写道："1972 年，北京大学闵嗣鹤教授、丁石孙先生等，在西北大学总结的基础上，又帮我总结了速算法，并称其为《史丰收心算法》，打印成册，散发到全国各地。"不久，父亲告知史丰收自己要被派往外地讲学，此事由丁石孙负责。史丰收在北京十多天，与父亲接触频繁，但这一别即成永诀。每每运动家父被波及、挨整，却仍不失做学问、为国增光志在一流的志趣，其坎坷人生对史丰收触动颇深。

父亲当时给我来信写道，"史丰收能心算 13 位乘 13 位的数，8 位乘 8 位约用 30-50 秒。除法更快，开方也可以。"大概是考虑到我极为有限的数学基础，父亲以 2 乘 6917 举例。并总结口诀"'看见小于

5 的加倍，大于 5 的，去 5 后加倍，后面过 5 的再加 1'，这样练熟了，可以很快从左到右写出得数。用 4、8、5 乘有类似的口诀，用 3、6、7 乘口诀较难，用 7 乘最难"。1972 年，北大工农兵学员已经入学，北大本来有意留下史丰收，并为他做了总结，但由于多种原因未果，一位同志将他送回了陕西。父亲在给我的那封信中说了一句，"他的思想方面可能比不上他的心算"，这让人感到意味深长。

改革开放后，1979 年史丰收的《快速计算法》的小册子正式出版，累计印数上千万册。当年 9 月中央电视台为此举办了多次电视讲座，史丰收的大名和他的快速计算法迅速传遍全国。赵慈庚先生在撰文中讲：史丰收的速算法，得到了国内外学术界的公认和高度评价，日本东京地区数学教育协会称其为"史氏算法"，1987 年 10 月，联合国教科文组织总干事姆博，邀请史丰收在巴黎向出席第 24 届大会的 158 个国家的代表宣布并表演了他的快速计算法。1988 年新任联合国教科文组织总干事马约尔来华观看史丰收的表演后说：史丰收算法是一个奇迹，对教育和科学都是一大贡献，应向世界推广。

如何评价史丰收和他的算法？一直有不同的声音。而当时的亲历者与负责人之一，丁石孙先生在他晚年口述史《有话可说》中对此事并未提及。

41
斗室中的哥德巴赫猜想

　　有一丝学术阳光就灿烂。父亲在大学一边是做尽职尽责的老师，一边是自己亲自做科研，并引导他的学生们一起做。他对备课、讲课十分投入，举例精彩，循循善诱，很受学生欢迎。当年北大数力系59级数学2班的学生王则柯教授回忆道：闵嗣鹤教授，穿着蓝色中山装，老教授的肩膀和头发上面，都落满了粉笔灰。他以乒乓球弹起来的高度越来越低，给我们讲解《数学分析》中"极限"的道理。"极限"概念，堪称数学分析的"过关概念"，极限概念学得好不好，是整门课程学得好不好的第一个重要检验尺度。他还念诵了"一尺之棰，日取其半，万世不竭"，说明我们的老祖宗很早以前就朴素地接近了无穷小的思想，鼓励理解得不那么快的同学。

　　1966年陈景润在攻克哥德巴赫猜想中取得了长足的进展，赢得了世界领先的最好成果。父亲作为陈景润这篇著名论文的主要审稿人，在学术上与陈景润可谓亦师亦友。1972年"文革"中期，父亲享有过难得的、短暂的宁静，这对一个学者的心灵来说真是可遇不可求。他有心推进哥德巴赫猜想的研究，在中关园一间十来平方米的客厅兼书房和卧室里，得闲兴致勃勃地思考着数学问题。回想父亲悠然自得的研究神态，真令人感慨。即便在那个年代，当一个人内心充满憧憬和喜悦时，斗室的一线阳光也足以灿烂。赵慈庚先生晚年给我母亲的信中对闵先生在方丈之地做学问的精神，十分敬佩，他甚至觉得"一位中国数学家的故居如果有幸能保存下来，对于后代青年也有很大的教育意义"。这当然是赵先生个人十分纯真的遐想。

父亲和大弟子、数学家，时在山东大学的潘承洞在1972年至1973年间，书信频频探讨进一步简化与推进陈景润（1+2）工作的可能性。从现存潘承洞写给父亲的信中，不难看出两人探讨哥德巴赫猜想问题时的紧迫、具体与深入的程度。这时父亲的身体已经很不好，冠心病非常严重，每天在靠药物维持。潘承洞在回信中十分担忧父亲的身体状况。他在1973年7月9日的一封信的开头第一句话便是："两封来信均已收到，你得好好休息，否则肯定要生病"，第二句才回到

41-01　潘承洞来信

数学研究的正题说，"你的想法非常重要"。潘承洞在写完落款之后又在下面近乎"命令"的口吻追加了一句："必须注意休息！！"在7月14日的一封信中，最后一句还是"你还得注意休息！"

1973年六七月间父亲写的这最后两封信，我没有寻到，不知道父亲在与潘承洞探讨哥德巴赫猜想问题时，对自己的身体和感觉说了什么？估计父亲在言语中流露出自己身体有些难以支撑的信号，这令弟子潘承洞相当地不安。值得一提的事，这两封信之后未出百天，父亲因心脏病突发在北大校医院溘然而逝。

潘承洞曾在一封回复信中说道："我搞了半个月的数论，结果是生了三天病"，父亲曾戏言为陈景润论文审稿"折寿不浅"。说来有些蹊跷，虽然提出哥德巴赫猜想的德国数学大师希尔伯特有81岁的高寿，但中国多位研究数论的大家均未享遐龄。父亲60岁辞世、陈景润和潘承洞也都不过63岁英年早逝，令人扼腕叹息。哥德巴赫猜想被称为数学王

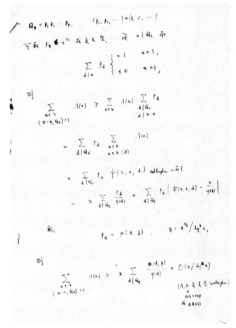

41-02　父亲留下的最后的数学手稿

冠上的明珠，看来取之非易也。

10月3日父亲去世前一周，戚鸣皋来中关园家中看望父亲，清华大学戚鸣皋教授曾回忆道：闵先生还兴奋地就哥德巴赫猜想问题进一步解决的思路等和他谈论两个多小时。

望着父亲留下的手稿、望着父亲熟悉的俊秀笔迹。亲切中又感到无奈。我有时在想：一个真正属于自己的思想，由于思考者突然地离去，思想就变得无续、无解，无助与无用。对于不了解它的儿女、他人，就是天书、密码，就是真正的"无"。而在人类思想与文化的传承中，由于类似的缘由，究竟断绝、损失了多少宝贵的智慧、知识与技艺？或许只有天知、地知。

42

荣宝斋巧遇陈省身

　　"文革"前乃至改革开放之前，中国文化人在北京欣赏、购买中国的古籍、字画、文房四宝，到北京宣武门的琉璃厂一条街是首选，"以文会友，荣名为宝"的荣宝斋，始建于清朝康熙十一年是已有三百多年历史的老字号，用今天的话说绝对是中国民间书画与收藏中的"大哥大"。

　　父亲在西南联大曾给陈省身先生做过助教，参加过陈先生举办的讨论班，并为陈省身教授讲的黎曼（Riemann）几何课担任辅导教师。陈先生晚年在为父亲的题词中说："1938 年在昆明西南联大我们曾对几何学有共研之雅"。但自 1945 年父亲去英国留学后，两个人天各一方就一直没有见面。直到 1972 年 2 月尼克松访华，以及中美上海联合公报发表，中美关系破冰，国门初启。1972 年 9 月 8 日作为首批美籍华人的著名代表陈省身先生携一家人才踏上阔别了 23 年的祖国。时任中科院院长的郭沫若夫妇和副院长竺可桢等会见了陈省身一家，"文革"中的郭老等多人胸前还佩戴着毛主席像章，与陈夫人和女儿时尚的裙装相映，那时国内的女士和男人一样都是一身长裤长衫。

　　由于"内外有别","文革"时教授及其蜗居的窘状，自然也不便示人。阔别祖国二十多年的陈先生回国后一定要看看他老朋友，他先后去了华罗庚、段学复等几位先生家，并去中关村31楼看望了恩师熊庆来先生的遗孀。陈先生本来执意想要上我家里看看，"文革"中被割去但只剩下30多平方米的小房，这让父亲一度十分犯愁。俗话说"家丑不可外扬"，平时亲友造访，打扫下卫生，收拾一下房间是人之常情，也是对访者的尊重。老百姓都丢不起人，何况一个国家、一个大学，一个有时需要"代表"一下她们的教授？住在北大燕东园小楼的系主任段学复先生家算是还可以接待，为了迎接"外国友人"，学校连忙派人对房间做各种修缮。段先生事后曾笑谈，陈省身先生来时，客厅里顶棚破洞修补的痕迹清晰可见。

　　9月12日陈省身教授来北京大学访问，并作学术报告。期间他和父亲多有交谈，陈先生一家和家父与哲学系王宪均教授夫妇一起的合影，选择了北大燕南园的一栋小楼前。这究竟是王先生的家门口，还是借了一下"小洋楼的景"，已经记不得了。那时国内私人相机很少，更没见过彩色照片，这张摄于1972年9月的柯达彩印照片，从美国寄

42-01　前排左陈夫人、王宪均夫妇，后排陈璞、陈先生和家父合影

来后，让一家人围在一起欣赏了好一阵子，照片的后面陈先生亲笔写上"请交嗣鹤兄"几个字。

"文革"中被整得灰头土脸的"老九"，学业荒疏，面有菜色，这和成就卓著，自信满满的海外学者形成的反差一望可知。不过此时能见到老友，父亲还是非常的高兴，他还注意到陈先生一家人的皮肤，感慨道，年过六旬的陈先生和陈太太保养的非常好。

陈先生回国后十分关注当年在清华和西南联大的故交们现在都在干什么？在"文革"阴影中的父亲，在内外有别的年代，父亲不便和陈先生深谈。当陈先生问他现在做什么研究？心有余悸的父亲后来告诉我，他当着旁人只说了个英文词 Geology（地质），考虑到涉及重要的科研项目，并未敢多言。后来父亲多少有些后悔，但是他也很无奈。尽管是几十年前的老友，在"文革"中初次与"美籍人士"见面，交往得守规矩，何况，他知道自己的言行事后都要准备向组织"汇报"的。

出于父亲多年来对陈先生的岳父郑桐荪先生的关照和老友之情，陈先生送给父亲一块瑞士手表，这是一份相当厚重的礼物。陈先生临回国之前，父亲在荣宝斋为他买礼物，没想到又不期而遇，父亲将在荣宝斋买了一幅的字画，当面回赠给陈先生。

"我最后的事业在中国"，陈先生晚年叶落归根，回国定居，并在天津南开大学开办了数学研究所。家住"宁园"的陈先生把他最后的余晖贡献给了自己的母校和祖国。在他去世后建成的"省身楼"和他的杰出的数学成就，不仅成为南开大学、天津，而且成为中国乃至世界数学界的一道靓丽风景。

大哥乐泉在美国研修时曾到陈先生的办公室拜访，陈先生腿不好专门叫80多岁的陈夫人亲自驾车接他一起到餐厅吃饭。不无鼓励地问乐泉：能不能比 Chua 做得更好。

陈先生对子女、晚辈一向关爱有加。他曾对女婿朱经武谈及自己成功的经验时讲道：科学的乐趣在于走在别人前面，看到别人没有看到的风景，呼吸别人没有呼吸的新鲜空气。

Chua 的中文名蔡少棠，生于菲律宾的华人，是美国加州伯克利分校电气工程与计算机科学系教授，因提出 Chua 电路和细胞式神经网络闻名遐迩。他被认为是非线性电路理论（nonlinear-circuit theory）之父。蔡先生虎年生的大女儿，毕业哈佛现为耶鲁法学院终身教授的蔡美儿，则以一本自传体的育儿经《虎妈战歌》（Battle Hymn of the Tiger Mother）几乎让国人家长无人不晓。陈先生对故去老友晚辈在学术与科研上要有高的志趣和目标，激励和爱怜、关照由此可见。

42-02　陈先生晚年与乐泉合影

陈先生回国后大哥也去过南开的数学研究所拜访。

1988 年父亲去世 15 周年，潘承洞先生在山东大学召开"闵嗣鹤先生学术纪念会"，陈省身先生亲自发来贺信，其中讲到他重读嗣鹤在 1947 年发表的几何论文，称赞父亲的论文"意见新颖，不袭前人，至为赞佩"，并祝会议成功。

1972 年陈省身先生阔别祖国 20 多年后第一次回国曾与父亲有过简短的相聚与交谈，时隔一年父亲已经去世。不过陈先生在"文革"期间想到父亲家里看看的心思却一直没有了断。弹指之间 20 多年过去了，1995 年 84 岁高龄的陈先生回国定居前后，他一再希望去看看闵夫人的愿望才得以实现。陈先生专门偕夫人抽空来到了北大蔚秀园的家中小坐，这一次他终于看到了当年老友的遗属究竟住在什么房子里？她们究竟是什么样？

43

这是我写的

父亲去世前，心绞痛时有发作。他仍坚持靠在床上，为系里的教师审读论文，并给我指点着即将出版的《地震勘探数字技术》，哪几部分是他写的。父亲像是习惯了向组织汇报思想的人在向子女交代着什么，借此也在展示自己最后的工作成果。

中国人立德、立言的观念在知识分子心中的影响根深蒂固。世界数学大师哈代坦言，一个人应当有在他死后留下具有永久价值东西那种"最高贵的雄心"。但是在"斗私批修"、狠批资产阶级"成名成家"名利思想的"文革"时代，大多数人不仅不能也不再敢写论文、发表文章，更是放弃了向子女传授知识的义务与权利。

即便在"文革"后期，发表论文、著书立说一般也极少署个人姓名。于是，父亲和他北大的同事们就用了个与"数力"谐音的笔名"舒立华"，当时石油物探局的科技人员，则用了个笔名"宏油兵"，这都是明显带有"文革"色彩的署名方式。还有几篇论文是在父亲去世后，由物探局计算中心的范祯祥先生帮助父亲整理并发表的。

对于数学一窍不通的我，每每看到父亲伏案用他喜爱的英雄牌金笔，写下形式感极强的数字"天书"都是佩服不已。如今小儿不才，滥竽高校，忝为教授、博士，到了我也能写几篇拙文的时候，我便和儿子说起这类话了："这是我写的"。可儿子却并不买账，回应道："你爸是谁，我爸是谁？"儿子问得好，这确实令人无语。我有时也扪心自问，父亲的智商与遗传基因怎么到我这打折到这个份上？

其实吾辈与父辈那一代人，何尝不是有着莫大的差距？这除了笔者最多具有中人之智、才疏学浅且后天缺乏努力之外，也难免令我不时喃喃私语：我们这一批"六九届"初中"毕业生"在最需要知识，却并没有获得知识的年代，竟举起了"知识青年"的大旗，"上山下乡"修理地球去了。

即便如此，我的小学同班同学四十多人中依然冒出了五六个教授、博士，其中李建还是哈佛大学的教授。李建当年从内蒙古兵团回京后进了北京的纺织厂，1977 年恢复高考前，这位纺织姑娘在工厂"三班倒"，偷空在父亲指导下补习数学。有意思的是她父亲李欧教授随手从书架上抽出一本极薄的、上面满是尘土的小册子说道："就学这本闵嗣鹤先生的书吧"。

李欧先生推荐的那本小册子，应该是指民国 26 年家父和郎好常先生编译的《高中解析几何教科书》（下册），此书由傅种孙和程廷熙两位先生参校，北平厂甸师大附中、算学丛刻社印行。这本小册子是为

43-01　父亲参加编著的部分教材

民国时期的高中生编写的，在新中国成立之初的 20 世纪 50 年代，被一些机关、部队的"速成中学"和高中所选用。想不到这本书成了李家"'文革'初期劫难的幸存者"，在"文革"刚刚结束，高中数学教材极为匮乏的年代，令李建同学在数学上"速成"且受益不浅。

这件事也让我浮想联翩，我们这一代有过快乐的童年和小学、有"文革"中被放养的青春期和被荒废学业的中学，以及"上山下乡"的艰难岁月。虽然没有受过完整的、连续性的严格的教育，但一抓住机遇、选对方向、发奋努力，究竟比时下从小在学习的重压下，一直到大学才敢略微喘口气的学子们，在心智、学业与职业所能达到的高度上差多少呢？对现在的教育模式我多少有些怀疑。

隔了一代人会不会好一些呢？说来机缘巧合，父亲未曾谋面的孙子也属牛，脾气也不小。这不禁令人心生感慨：两头牛，一头生在民国初年的 1913 年，一头生于改革开放后的 1986 年，牛头、牛尾前后相隔 72 年。然而，此牛，非彼牛也。

44

数学家的政治任务

1972 年，中央编译局负责人王惠德从一位瑞士记者处获得了一份 1968 年苏联出版的马克思《数学手稿》的德俄对照本，他建议由北京大学组织翻译。作为一项政治任务，1973 年 1 月，北大正式成了以邓东皋、孙小礼负责的"马克思数学手稿编译组"。

1971–1973 年间，是"文革"中相对平缓的时期，大学开始陆续招生、复课，教师们经过前期运动的洗礼和清理阶级队伍，绝大多数人的问题已经搞清楚。于是数力系、外语系等许多教授参与其中。数学系主要的译者是数学家、一级教授、早年翻译过德语版《拓扑学》和《几何学基础》的江泽涵先生，成员有冷生明、丁同仁、吴文达、黄敦等诸位先生。一时间年过 70 高龄的江先生和德语专家姚保琮每天负责辨认手稿，其他人分别负责翻译德文、俄文原稿与注释。

恩格斯当年为辨认马克思遗留的手稿，曾颇费精力，没少吃苦头。马克思的"数学手稿"让老眼昏花的教授们仔细辨认，这绝不是一件容易的事。这项带有政治色彩的"大任务"，令数学家们丝毫不敢怠慢，反复查证，工作极其认真。

当时参与手稿翻译的冷生明教授，家住北大中关园东北角的 1 公寓。他和父亲早在西南联大就相识，父亲晚年和冷先生交往甚多，冷先生亦成为家中的常客。因两人都住在中关园，又同在数力系工作，所以经常可以看到他们在路上交头接耳，结伴而行。他曾和父亲交流过，数学家们私下议论着花费这么大的工夫翻译马克思的"数学手稿"，除了它的历史文献价值之外，究竟还有什么学术价值与实际价值？但在当时极"左"思潮的影响下，马克思的数学思想被看作是一面旗帜，应当是具有重要意义的。有的学校甚至有人想用马克思的"数学手稿"作为数学系教育革命推出的新教材，以取代传统与经典的微积分等数学课程。

一直对数学史很有兴趣的江泽涵先生，在 1984 年讲到翻译"马克思数学手稿"的经历时曾说道："那时，我们参加翻译的人心里发生了一个问题：马克思当年知道不知道柯西的极限理论？""我们倾向于马克思不知道柯西的极限理论，所以我们没有发表过一篇评论马克思数学手稿的文章，只是翻译和介绍。"

父亲无缘参加北大的"马克思数学手稿编译组"，不过在"文革"期间时任中央编译局的北大俄语系毕业生、承担《马恩全集》第 35 卷翻译组的组长杨彦君等，却为翻译本卷恩格斯涉及微积分与函数论的两封书信找上门来，他们与父亲围坐在小桌旁议论，后来父亲专门到北大图书馆查阅《马恩全集》德文版原文的事我依稀还有些印象。

四十多年后的 2013 年，译审杨彦君先生在一篇中央编译局征集的纪念文章中回忆道：

我们都没有学过高等数字，连微分积分的概念也不懂。译校都是按照外文照猫画虎。我们对内容不知所云，如天书一般。全翻译组十几个臭皮匠全都傻了眼。这两封书信是请北大的闵嗣鹤教授按德文定稿的。已故的闵公是大数学家，陈景润的科研硕果就是由他第一个肯定的。我们得到过他的帮助，何等荣耀！

父亲在"文革"期间与《马恩全集》的翻译还有这么一段交集，这真是得之于大数据时代的搜索。

45

晚年：轻舟出海

20 世纪五六十年代，在大庆油田开发前，我国一直没有摘掉贫油的帽子。记得当年父母带我们进城，曾站在当时长安街最高的建筑民族饭店楼顶的平台上看着在长安街上过往的车辆。许多公交车上面都顶着个大大的煤气包从眼前驶过。自大庆等陆路油田开发之后，我国开始向海上进军。1964 年春寒料峭的早春,遵照党中央、国务院的命令，一支数千名石油工人和工程技术人员组成的队伍，离开松嫩平原挥戈南征，奔赴渤海湾，拉开了我国海上石油勘探开发的序幕。

1964 年石油部在河北徐水成立了代号"646 厂"，组建了渤海湾上第一个浅海地震队，1967 年我国第一个海上油田建成。从 1964 至 1974 年，运用数字技术勘探钻井，在渤海湾先后发现与开发了大港、胜利和辽河油田。

北京大学数力系与 646 厂的技术合作始于 1969 年。北大作为负责联合攻关的一支重要力量，"工宣队"派父亲随同数学力学系部分教师到北京地质仪器厂接受工人阶级再教育。当时，他们被分成两大组，一组研究数字滤波，一组在车间劳动兼教工人，接受工人阶级再教育，父亲先被分入钳工车间，辅导工人师傅数学，因父亲表现较好，后被调入数字滤波组。为响应党中央"教育必须为无产阶级政治服务，教育必须与生产劳动相结合"的号召，父亲投身到石油战线生产实践的行列，来到了河北徐水物探局计算中心。在那里，当时雷打不动的政治学习，是经常性的任务，工厂则正在搞"工业学大庆会议"以及"一打三反"和清除"516"活动。父亲往往要坚持走几里路爬上四楼来参加各种政治学习，同时一有空还积极参加劳动，在会议期间父亲还跑到厨房帮助洗碗、擦桌子、扫地，他把这看作自己"接受再教育"的好机会。当时由于父亲表现较好，后被调到研究数字滤波那一组，这也开启了他生命中最后一段学术研究历程。

由于要搞地震勘探数字技术，算法需要借助国内大型的计算机，父亲不时要往返北京和徐水两地，在北京还要去北大在几十里之外俗称"200号"的昌平分校，那里有当时国内最先进的每秒运转百万次巨型计算机。完全是因为特殊的工作需要，父亲在"文革"中便享受到一种特殊的待遇，在中关园家门口路北的马路边等着北大派小汽车接送去"200号"的同事。回家时父亲常常抱回厚厚一沓打满圆孔的计算机纸带，继续研究算法。那个年代教授能坐上小汽车上下班是少有的新鲜事，看着小汽车在沙石路上扬尘而去，也让我身边的小伙伴投来羡慕目光。

20世纪70年代初父亲的心脏病已经很严重，但他仍不顾个人安危，深入生产第一线，坚持到海上勘探基地普及勘探数字化技术，他为解决生产中遇到的数学问题，常常和科技人员一起讨论，带病工作到深夜。为查找参考日本的地震勘探资料，晚年他还自学了日语、订阅了日文期刊。这是父亲继英、法、德、俄四种语言之后，掌握的第五种外语。为了赶写工程技术人员急需的《数字勘探教材》父亲连续工作了一个多月，1973年10月他参与撰写和负责总审订的《地震勘探数字技术》第一、二分册相继由科学出版社出版。

1973年10月父亲去世后，物探局计算中心在10月18日发来了近三页信纸的吊唁函，其中写道：闵嗣鹤同志的逝世"是石油战线的一个损失"，"在他的热情指导与耐心帮助下，为我国石油勘探数字化首创了一套数字化方法，解决了一系列生产中的问题，培养了一批新生力量，使我国石油勘探数字化工作取得了可喜的进展。"对父亲的工作给予了充分的肯定和很高的评价。这在"文革"期间，在知识分子被改造、"臭老九"被列入另册的年代，用范祯祥总工程师后来的话说，"现在看来是理所当然"但当时是"冒天下之大不韪"，是顶住了许多反对意见极大压力下的"冒险行为"，这在"文革"中真是个罕见的例外。

在河北徐水物探局几年的经历，让家父在晚年感到了温暖，仿佛重新获得了做人、做事的尊严。一次过年，负责物探局海上大队政委等首长代表石油部有关领导专门走到父亲坐的桌前给这位北大的老教授敬酒。酒是一种语言，被尊重、被关注、被需要，是一种幸福，平时滴酒不沾的父亲一时激动竟喝了一小盅。

一次他坚持要和工程技术人员一起乘700吨的小船出海，海上大队政委亲自陪同父亲出海看石油生产井。到实地观测海上打眼放炮，采集实验数据，同行工程技术人员担心父亲身体受不了，再三相劝，父亲便对他身边的技术人员、对他关爱有加的范祯祥先生风趣地说：我当年留学可是坐轮船横渡过风大浪高的大西洋比开斯湾啊。这一天渤海湾的海面上微风徐徐，细雨蒙蒙。

不论是东方还是西方，千百年来人类吟咏的诗词总是和大海结缘。这次海上之行或许是父亲自1948年从美国坐轮船留学归国时隔二十多年之后第一次、也是他生命中最后一次坐船驶向大海，这令父亲思绪万千，感慨良多。父亲非常的开心，他诗意在胸不吐不快，回到住地立即在稿纸上写下了一首还在斟酌字句的小诗《出海》并在每句后附了小注：

> 轻舟出海浪滔滔，听炮观涛兴致高。
>
> 鱼嫩菜香都美味，风和雨细胜篮摇。
>
> 东洋技术为我用，渤海方船更自豪。
>
> 一日往返学大庆，算法如今要赶超。

数学家身心的快慰、想努力为国家做些事、立志在算法上赶超日本及西方世界先进水平的豪情壮志溢于言表。只可惜命运留给他的时间已经不多了。

江泽培教授（1923—2004）主编的《应用统计实例选》中收入了谢衷洁教授撰写的《时间序列的预测与滤波方法在两个实际课题中的应用》一文，谢衷洁在谈到在 20 世纪 70 年代"动态海洋数字重力仪"的数据处理方法中，函数论也是重要的工具。并说自己"文中有些工作是属于已故的闵嗣鹤教授的，他在'海重'这一课题中做出了独创性的贡献。"

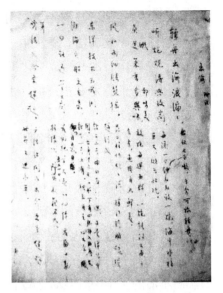

45-01　晚年小诗

马在田院士（1930—2011）等在《计算地球物理学概论》一书中曾写道："在中国，计算地球物理的开展是随着大型电子计算机的应用开始的，以北京大学数学系闵嗣鹤教授为首的一批数学、地球物理专家为我国的计算地球物理的开展有着不可磨灭的贡献。这些专家编写了我国地球物理界第一部系统著作——地震勘探数字技术"，"这对我国的计算地球物理的发展有一定的指导作用"。

令人感慨的是谢衷洁教授此文发表在 1997 年，早在 24 年前的 1973 年 10 月，他和江泽培先生都参加了"文革"中那次在八宝山为父亲送行的追悼会。几十年后一个教授仍念念不忘自己的有些工作属于一位去世前辈的贡献，却并非多见。

46 ⋯⋯⋯⋯⋯⋯
一语成谶

1973 年 9 月 28 日，我刚从内蒙古兵团返京到北大哲学系上学，那时学校早已开过学，我属于报到较晚的一个。父亲在得知我要来北大上学，很是高兴，因为就在这一年哥哥刚刚被四川南充的西南石油学院钻井专业录取。一家人里突然两个儿子同时上了大学，这在当时是个让人难以想象的事，父亲的心情大好可想而知。我也有"得胜回朝"的感觉，还专门给家里发了电报"望接"。没想到父亲亲自和大妹跑到了北京站。"没什么东西还让人接"，大妹很有点意见。我没有想到的是，父亲是在身体十分不好的情况下，强打着精神陪大妹来车站接的。见到父亲时，我注意到他脸色很憔悴，还掉了一颗门牙。年近六十岁的人虽然还是满头黑发，却已是血压高、心脏病和糖尿病缠身。在回来走在中关园的路上我问："爸您的牙怎么掉了？"他叹了口气说："老了啊！"更让我想不到的是，我人生迈出这新的一程，竟成了父亲陪我走过的最后一程。

回家后的一些天忙着入学等杂事，父亲对我讲：哲学系有他好些当年在西南联大的老朋友，到时带你拜访一下他们，还说以后每个月给你点零花钱上学用。始料不及的是因为父亲的突然离世，这一切都没有来得及兑现。后来系里的张岱年、张世英等教授还都和我提及与父亲的往事。

20世纪70年代初北大还在解放军8341部队和工宣队的领导下，对学校的教师和学生实行半军事化管理，要求十分严格。学生每天早晨必须出操跑步，晚上8点之前必须返校。宿舍床上的被褥要叠得像豆腐块，室内、桌面要一尘不染。在那种环境里，北大"工农兵学员"的学业与水平确实无法恭维，不过这可能是近几十年来北大历史上学生珍惜学习机会、最努力、最具有劳动观念和宿舍最整洁的时期之一。尽管北大在"文革"前曾经出现过"工农兵学员"，但"文革"时期的"工农兵学员"，则成为共和国历史上最特殊、最被诟病、甚至最被讥笑的群体。

10月9日（星期二）我下午回家虽然看到父亲涨红着脸靠在床上痛苦的表情和临走前不舍的眼神。但还是没敢违反学校晚上必须返校的规定，和父亲道了别，没承想竟成永别。后来我才知道，此时父亲已经没有说话的气力。"文革"时家中缺少基本的医学书籍和基本的医学常识。家人对心脏病与它危险性的认识几乎为零。如此幼稚的我，甚至头脑里还没有父亲会死的一闪念，这是我此生非常后悔的一件事。

不知道是不是亲人间有心灵感应？父亲去世前那一夜家里好几个人都彻夜难眠，第二天要到北大俄文楼上写作课，考查新生的语文写作能力，我坐在教室里心神不宁，大脑一片空白什么都写不出来。这时班主任把我叫了出去，数力系一位神色慌张的教员，急急忙忙将我带到校医院，此时大妹正坐在那里哭，说了声："爸爸死了！"

父亲晚年血压高、心脏病日渐严重。他曾来信对我讲"有时稍微走得快一点心脏就疼"。父亲初到河北徐水时，友人好心请来当地的一位有名的中医为他看过病。据说医生悄悄撂下过一句话："最多还能活五年"。这可能成了医生和父亲在心里设定的生命界限，但闻者信其有，这对父亲造成了不小的身心压力。

一语成谶，1973年10月父亲去世，确实没有迈过五年这个坎。

当听到邻居谢大妈在后窗压低声音向街坊们说："老闵死了！"真是让人泪如泉涌。

父亲似乎已经失去了拯救自己的信心。大妹回忆当晚父亲实在坚持不住，才同意去医院的。大妹只身一人深更半夜跑到北大司机班请来师傅开车将父亲送到校医院，在那里正好碰到父亲的两个学生来看病，发现老教授躺在地上的担架上无人理睬，连忙叫来医生。父亲担心两个女孩的安全，这么晚了待在这里不好，执意要学生将两个姑娘送回家。

据闻父亲是第二天早上洗漱时心脏病突发，靠在校医院楼道的长条椅过世的，发病时没有一个亲人、没有一名医护人员在身边，病床边只有被吸尽的空氧气袋。父亲死前多有不甘，他未留下一句话，到死也没有闭上双眼。从未想到过父亲的死亡，此时才发现它已经发生，它就在瞬间、就在眼前。

虽说父亲晚年对自己的病情多少有些心理准备，他尽力在做些事，像是在与死神赛跑，但走得那么快、那么突然，还是出乎了他自己和家人的预料之外。父亲晚年不知道扛过了多少次阵阵袭来的心绞痛，这一次却未能扛过。有时人往往"死于经验"，黑格尔曾如是说。

父亲的这颗心脏太累了，它六十年来承载的负荷或许太重。身体与精神上长年的透支、少壮与战争年代的颠沛流离、"文革"的磨难，使得他那颗心脏过早地停止了跳动。遥想当年，曾祖父为排到"嗣"字辈的孙子名字中选了个"鹤"字，可父亲却没有寿享遐龄的福分。父亲在有生之年，我们做儿女的又尽过多少孝心？闵家的男性族群中鲜有长寿者，我有时猜想，是不是每个家族都有自己生命的密码？有DNA 的寿限？

时任校领导的周培源先生闻讯急匆匆赶到校医院看望，在"文革"中校医院医务人员疏于监护的确难辞其咎，他对此十分愤怒。据说周培源先生当时曾撂下一句话"你们知道这个人对国家的价值吗？"就在一年前，周培源先生不顾"文革"中的种种阻挠，呼吁要加强基础理论的研究，随后在《光明日报》上发表了《对综合大学理科教育革命的一些看法》；就在这一年，曾经父亲和王元先生审订的陈景润那篇著名论文得以发表，在国际数学界赢得了巨大反响与赞誉。对于北大像父亲这样一个在基础理论研究与人才培养上颇有建树的学者过早地离世，周先生倍感痛心与惋惜。我记得过后知情人在校医院一进门贴了不少批评性的大字报。

"文革"时的北大校医院"老医生挨批斗，年轻医生造反，没人看病"。就在父亲去世前几个月，历史系邵循正教授也死于类似的遭遇。在知识分子失去价值、没有价值、基础理论研究受蔑视的"文革"时代，周培源先生在北大校医院的惊人之问，瞬间便消逝在"文革"喧嚣的话语和人们的记忆中。

20世纪五六十年代国家一级教授的工资是345元，二级是280元、三级为240元。这在当时比一般工人家庭的工资高出五六倍，甚至十几倍。而据统计当年北京城市居民每月人均生活费仅为八九元。父亲是二级教授，一人工作养活一个七口之家、雇着保姆，平时还要接济一下亲朋好友。"文革"期间教授们的工资曾被冻结过一段，后来开始照发。那时，父亲的工资是系里专门派人送上门签收。一次我回家探

46-01　工会会员证照片　20世纪60年代工会会费大体为工资的1%

46-02　父亲去世后五兄妹在中关园相聚

亲,正好赶上发工资,老爸还让我帮助数了数钱。身在内蒙古兵团的我,实行的是供给制,每月只有 5-6 元的零花钱,父亲这一大笔钱还真让我数了一会儿。这个没挣几个钱的儿子数钱还挺溜,这让父亲有点意外,以为我在兵团当过会计呢。

　　1973 年 10 月父亲溘然而逝,母亲没工作,一家五口除了大妹在工厂学徒外,其他孩子都在上大学或中学,全家收入几乎归零。数力系主任段学复先生见此状颇为伤感地说:"闵家这日子该怎么过啊?"

　　从小在父亲的庇荫下长大,过着衣食无忧的优裕生活,头脑里从来没有缺钱的概念。父亲的突然离去,瞬间一家人生活直落谷底。我当时很想退学工作,但是学校周培源先生等有关领导雪中送炭,在北大为母亲和上中学的苏泉争取来抚恤费和我的助学补贴,以及远在上海和天津的两个姑姑与在山东的舅舅等亲友也不时地接济我们,这一切帮助一家遗属渡过了最为艰难的时期。

　　俗话说"穷人的孩子早当家",父亲的早逝,让儿女们感觉一下子好像长大了几岁,也多少理解了那些孤儿寡母家庭生活的不易与艰辛,理解了这类家庭的子女为何大多都比较早熟、比较要强与争气。

　　如果说父亲的突然离去令全家人扼腕叹息，那么母亲的仙逝则令人感慨良多。母亲虽然身体一直不好，没想到却"久病延年"。她豁达的性格，求知的欲望，始终支撑着她精神和身体，让她的生活过得平和与充实。母亲晚年仍不失优雅，用外孙女薇薇的话说"是个漂亮的老太太"。母亲临终前身体已经十分虚弱，在医院的病床上笑谈自己怎么一下子就活到八十多岁了？还将大妹带来的《读者文摘》中关于医生与患者的笑话讲给我听。

　　人生如此短暂，只有我们的生命之火即将熄灭、当我们就要走到人生的终点时，才会理解得这样真切。本来大哥已为几个兄妹排出了陪护母亲的值班表，结果还没轮两个人，母亲病情急剧恶化已被插上了呼吸机抢救。几个孩子在母亲身边低语、呼唤，老人家眼角旁缓缓地流出了一行热泪，这成了母亲最后欲说的一切。2008 年 12 月 4 日下午母亲一瞑不视终于走了，她面对死神的平和、幽默、坦然，使我联想到了庄子对待生死的达观。说来真是令人有些惊奇，母亲的生日是 1.24（1 月 24 日），她去世的日子是 12.4（12 月 4 日），八十多年的人生，生死之间仿佛只是上苍轻轻地挪动了一个间隔号。

　　父母一生都是不大愿意麻烦别人的人，包括自己的儿女。就连他们的重病与离去，也没有为儿女们增添什么负担。

47

身后哀荣

1973 年 10 月中旬，各路亲友从四处奔波而来集聚在北大中关园，大哥乐泉是国内最远的一个，他从大西南的南充坐了几天的汽车、火车赶回家后，曾放在北大校医院从冰窖拉来的大冰块上保存的父亲遗体已经火化。父亲是北大数力系教授中最早病逝的，这让人们看到了年长父亲十多岁，白发盈颠的先生送后学的场面。这次追悼活动几乎成为"文革"风暴的间隙期，北大及京城数学家的一次空前大聚会。先是在东郊殡仪馆向父亲遗体道别，后是在八宝山革命公墓举行追悼会。华罗庚、周培源、江泽涵、申又枨、段学复、程民德等诸位先生亲自出席，八宝山南院灵堂里挤满了参会的各界师友学生与亲朋。

见到北大周培源、江泽涵等几位白发苍苍的前辈来道别，范桢祥工程师也请来了物探局的孟尔盛等几位长者和领导出席。这成为"文革"中破例为一位教授举行的"高调"追悼会。

生死有时也是命。"文革"后期母亲曾感慨：不幸中的万幸是，你爸死得其时。若赶上日后的"批林批孔"、"反击右倾翻案风"，还不知道会如何？

知父何年

生死有时也是命。父亲经历了七年"文革"，如果再能撑过三年，就能看到它的结束，迎来科学与知识新的春天。

北大数力系主任段学复先生在八宝山追悼会上致悼词，几度哽咽。这位昔日的学友、系友和老领导，日后曾赋《忆嗣鹤兄》一首：

一九二五曾同班　七三九月犹交谈

风风雨雨半世纪　深厚友谊记心间

好学不倦精数论　石油勘探辟新田

诲人不倦善培育　受业泉城齐怀念

1978年徐迟先生的报告文学《哥德巴赫猜想》不仅使陈景润一时间成为传奇式的全国家喻户晓的人物，在改革开放的科学春天里几乎成了全民的学习偶像，这也使家父闵嗣鹤的名字传到寻常百姓耳中。

1988年8月30日陈省身先生为即将出版的《闵嗣鹤论文选集》亲笔题词："默默耕耘　学人楷模"八个大字，同时写了这样一段文字："嗣鹤在解析数论的工作是中国数学的光荣　1938年在昆明西南联大我们曾对几何学有共研之雅　深佩其学问与为人　盼大家保持这个淳朴的风气"

47-01　陈先生手书题词

47-02　周培源先生题写书名

　　周培源先生亲自为出版纪念父亲的论文选集题写书名并作序。丁石孙校长专程赴山东参加研讨会。

　　王元在大会上做了发言，他说："闵先生的学术成就、热爱祖国与高尚品德都足以作为我们永久的榜样"，接着他对父亲在数论上的成就从六个方面做了简要的介绍。

　　王元先生在 1991 年的一篇纪念文章中曾说："中国的数论经历了五代人的努力，最早是杨武之先生将数论引入中国"，而华罗庚、柯召、闵嗣鹤"他们三个人是第二代数论学家的杰出代表"。

　　父亲 50 年前写的《数论的方法》《格点和面积》和严士键先生合著的《初等数论》，多次再版。父亲和程明德等翻译的《复变函数引论》也在 2013 年再版。

　　1980 年前后，年长父亲三岁的老同学、好友，年近 70 岁高龄的著名数学教育家赵慈庚先生亲自走访相关人员、到处收集和查阅资料，他甚至跑到北京国子监孔庙内查看、考证了清代进士题名碑。赵先生历时近一年，数易其稿一笔不苟地撰写了《闵嗣鹤教授生平事略》。这是坊间诸多纪念父亲文章最基础的史料来源。人虽去情未了，赵先生以数学家的细致、严谨和对老同学的这一片真情，跃然纸上，感人至深。

　　刘培杰先生是一个学数学出身，对数学家、数学史深感兴趣的资深出版人。他曾写道：对闵先生的认识"从中学时代开始，初中时代读过徐迟先生的报告文学《哥德巴赫猜想》，感觉到闵先生是一位厉害程度不亚于陈先生的人物，因为他能审阅那篇让国人倍感骄傲的论文"。刘培杰在 2011 年来北京潘家园"淘宝"，无意间淘到一本北平厂甸师大附中算学丛刻社印行的由父亲和朗好常编译、傅种孙、程延熙参校的《高中解析几何教科书》（下卷）（赵慈庚先生讲那时父亲兼任算学丛刻社的编辑）。刘培杰视为宝物当即高价买下，他手佛旧卷，对那个时代的学人所做、所为感慨万千。并将这一段插曲写入他策划出版的《闵嗣鹤文集》的"编辑手记"之中。他觉得"重版闵先生的文集是为了这忘却的纪念"。刘培杰先生的一言一行，给我们子女和后学带来了深深的感动。

2014 年 5 月 12 日中国科学院数学与系统科学研究院应用数学研究所，和北京科技大学联合实施的"闵嗣鹤数学精英计划"签约仪式当日在北京科技大学举行。该班旨在培养应用数学，计算数学、信息科学及应用领域基础扎实，具有一定国际视野的创新型人才。这是该校继续推进人才培养机制的改革创新的一项重要举措，也是北京科技大学继以著名物理学家黄昆个人名义命名的"黄昆班"后的又一个高层次精英计划。有意思的是父亲和黄昆院士，恰恰早年都获得过"高君韦女士纪念奖"，又是当年一起远赴英国留学，回国后都在北大任教，并同在中关园里住，常相互走动的学者。

为了表达了对"闵嗣鹤数学精英计划"指导委员会和参与相关工作老师的敬意及感谢，作为在该校任职的大哥乐泉，专门向该项目捐款十万元人民币，2016 年 6 月首次"闵嗣鹤数学精英计划"奖在北京科技大学数理学院举行。

2016 年 11 月 15 日北京大学发文"关于成立闵嗣鹤数论研究中心的通知"，2018 年 7 月 13 日"北京大学闵嗣鹤数论研究中心"正式成立。北大副校长田刚院士和著名数学家张益唐教授为中心揭牌。中心名誉主任张益唐、常务副主任刘建亚教授等即席发言。这是对一代学者的

47-03　理科一号楼新增匾牌

敬意，也是激励学术传承与发展的善举。在父亲去世 45 年之后，北大理科一号楼大门口新增了一块匾牌"闵嗣鹤数论研究中心"。数学家潘承彪教授在发言中说道："希望闵嗣鹤数论研究中心能够成为数论研究的安静园地，成为数论学者们静心钻研的一方净土。"

在历史上不是人们都能幸运的在有生之年，就彰显了自身的价值、就得到肯定、赞誉、就在荣誉的现场,听到身边响起的掌声。身后的哀荣，对后人是一种感念、一种激励与安慰，对于逝者来说，其实已经并不太重要。

48

魂随妻子回娘家

1988年9月，家父去世15周年前夕，在泉城的大弟子、时任山大校长潘承洞教授便尽地主之谊召开"纪念闵嗣鹤学术会议"，他的胞弟毕业于北大数力系的数学家潘承彪教授，亲自陪母亲和我从北京开小汽车去山东赴会。家父作为山东济南大名府的女婿，使母亲有机会以这种方式回故里，这多少有些巧合。

1988年8月30日陈省身在给潘承洞的信中写道："嗣鹤的纪念会未竟参加，歉憾交并。今天又读1947年他在 Journal of London Math Soc 的几何论文：从三维投影空间的任意曲面建造黎曼度量，它在二次曲面时即为非欧度量，

南开数学研究所
NANKAI INSTITUTE OF MATHEMATICS
WEIJIN ROAD 94·TIANJIN   TELEPHONE: 33.1640~582,645)
PEOPLE'S REPUBLIC OF CHINA   TELEX: 23353 NANKI CN

承洞：

嗣鹤的記念会未竟参加，歉憾交并。

今天又讀1947年他在 Journal of London Math Soc 的几何論文：从三維投影空間的任意曲面建造黎曼度量，牠在二次曲面時即为非歐度量。意見新颖不襲前人。至為特佩。

祝念議成功。

陳省身
1988.8.30.

48-01　陈先生贺信

48-02　山东大学校长潘承洞教授主持会议

意见新颖，不袭前人，至为赞佩。祝会议成功。"陈先生的信在大会上宣读后引起了一阵热烈的掌声。

著名数学家陈景润先生也给大会发来信函，提到要学习闵先生给我们留下的精神，一种数十年如一日，埋头工作，待人热情，热心提携后人的不朽精神，我们要以闵嗣鹤先生为榜样为发展祖国的数学事业尽我们全部的力量。

48-03

这次学术会议使国内许多著名数学家集聚一堂。出席会议的有时任北大校长的丁石孙教授、张恭庆、姜伯驹、李忠、潘承彪以及程乾生教授；有中科院数学所的王元、杨乐、许以超等研究员；有清华的迟宗陶、戚鸣皋教授；北师大的严士健教授；有时任山大校长的潘承

48-04　母亲登上泰山

洞教授与郭大均、袁益让等教授；还有曲阜师范大学的邵品宗、龚为邦教授。

王元先生曾回忆说："1963年，山大校庆期间，数学系请了三个客人，除夏道行是山大校友外，闵先生与我显然都是为潘承洞而受到邀请的。"这大概是父亲有生之年唯一的山东之行。

小妹苏泉讲，1988年9月的山东之行，是母亲18岁离家后第一次回娘家。我陪母亲参会，大哥为会议提交了论文，潘承彪先生不无幽默地代为宣读。闲暇之余我随母亲既回了老家看看，又和她一起随数学家的大队人马登上五岳独尊的泰山。这次山东之行让母亲深为感谢、感慨也感叹："以后就再没有机会来了"。尽管身边闻者纷纷说不会的，还会来的。不过这确实是母亲考入北平师范大学上学与成家后，第一次，也是唯一的一次出远门，只是这次她的先生没有来。

几代学人相聚，气氛热烈非凡。我听到年轻的学子们在悄悄议论着闵嗣鹤的"徒子徒孙"：

闵嗣鹤——潘承洞——展涛——学生。一时兴起，我琢磨出一句含有潘承洞和潘承彪这对中国数学界罕见的同胞兄弟寓意的对联。当然，这只是一个不懂数学的人很感性地表达：

攀高峰别有洞天　承师业彪炳学海

母亲挺赞赏，王元先生看后说，看来你还懂得一点。

几天的会议，潘承洞校长会未开完已经躺倒。我和母亲还有王元先生到潘校长家中看望、答谢。我这时才知道潘校长几年前曾做了直

48-05　左起潘承彪、王元、母亲、潘承洞合影

肠癌切除手术。母亲、潘氏兄弟还有王元先生四人坐在沙发上的一张合影，也成为见证这段师生情、山东行最后的留影。

　　人一生的寿命，是难以度量的。单纯从生命的时间长短来计算，几千年前的庄子就有"上寿百岁，中寿八十、下寿五十"之语。命运让父亲的生命在迈过"下寿"，步入甲子之年戛然终止，令人唏嘘。然而，几千前的老子又有"死而不亡者寿"之说，这又是从另一个层面看待和度量生命的长度与价值。父亲始终活在我们的心里，父亲没有被人们忘记，他的为人与学术思想"光而不耀"，还在发生着影响，这是令子女们深感欣慰的。

49

一个真正的数学人

回国后运动不断，挨整不断，但只要受到尊重、他的特长被认可、被尊重，哪怕派上为工人师傅补习数学的用场，都那么开心。在今天看来，这一代人是多么不可思议，多么可敬、可爱啊。中国知识分子大多都有一技之长，但毛病也不少。肯定也是个有贡献却又有毛病与问题的群体，但中国社会哪个群体没毛病、没有问题？有毛病、有问

49-01　陈省身先生照片

49-02　大姑父、三姑和奶奶在成府家中，照相时父亲还在看书

题的群体，碰撞有问题的时代和体制；爱较真、爱挑毛病的知识分子面对需要对体制高度认同。不想千人之诺诺，而愿一士之谔谔的"老九"，命运何堪？

这一代数学家对数学的热爱、痴迷和使命感是发自内心。不管遇到多少挫折、磨难都痴心不改。即便在异常艰苦的非常时期、即便是在蹉跎的岁月、扭曲的年代。

陈省身先生在给父亲的题词中赞叹和希望保持二十世纪三四十年代"纯朴的学术风气"，这正是父亲那一代知识分子身上深深的印迹。

在许多数学家心目中，数学是一门具有趣味性和挑战性的科学。

2002 年 7 月，91 岁高龄的陈省身先生，在北京举行国际数学家大会召开前为少年儿童题写了"数学好玩"四个大字，陈省身先生还给少年班题词："不要考 100 分。"流露出数学大师童心不泯的本性；表达着学习与研究中，重要是要有兴趣、有快乐，才可能有成就的理念。而不做分数的奴隶，不要为考 100 分在细枝末节上浪费时间。看来，但凡大家、智者，都与孔夫子"知之者不如好之者，好之者不如乐之者"的理念心有所同。

比利时著名数学家德利涅也特别强调学与教都要有兴趣。在他看来："教那些对数学没有兴趣，只为其他目的而追求好成绩的人是很痛苦的。"

据说大数学家、钟情于数论的哈代（Hardy）曾说过这种话："从实用的观点来判断，我的数学生涯的价值等于零。"世界著名数学大师高斯曾经说过："数学是所有科学的女王，数论是数学的王冠。"

笔者既没有资格评说哈代和高斯的说法，也没有资格和能力评说数论的意义与价值以及父亲在数论方面所做的任何工作。只是知道这个世界上竟有这样一批人，他们为了可能尚无功利和一时看不到价值的学术、为一种最高深的数字智力游戏，为破解古今的难题，摘取那顶数学王冠，而前赴后继，奋不顾身。难道人们不应当对他们，表示深深的敬意吗？

　　"动物只为生命必需的光线所激动，人却更为最遥远的星辰那无关紧要的光线所激动……"被德国古典哲学家费尔巴哈称道的，作为人的"无功利的好奇心"，难道不值得我们表示深深的敬意吗？

　　日本数学家坂内英一曾发表过这样的感慨："数学家的价值不能也不应该被外界因素所衡量，譬如他们发表了多少篇论文，论文发在了什么级别的刊物上，拿到了多高的薪水，得到了多少研究基金，获得了多少荣誉，等等。唯一的衡量标准是数学家们如何看待他们自己的工作。如果你对自己的一些工作怀有真情实感，无论别人出多高的价格你都从未想过要放弃，那么你就是一个真正的数学人。"

　　每个人在一定程度上是可以选择自身生命存在的意义与渡让的方式的。父亲喜欢自己钟爱的数学、愿意穷尽一生为它付出一切，且以此为乐。变化的社会与时代，不变的是对学术的追求，对学术真诚与学术兴趣的坚守。父亲的老友赵慈赓先生曾写道：嗣鹤"在峥嵘的岁月里，如饥似渴地学，在迷惘的日子里，不灰心地学，在激烈的政治斗争中，为了适应新时代需要，悄悄地学，一生工作不燥不怠，持之以恒。"即便在"文革"的七年时间里，身患重病的父亲还是成就了几件事：审订了陈景润的论文、和丁石孙等先生一起总结"史丰收心算法"、参与我国石油勘探数字化工作，首创了一套数字化方法，并参与撰写和负责审订了《地震勘探数字技术》第一二册等。对于一个六十年的人生，对一天只有 24 小时的时间长度身患重病的人来说，这是父亲一个数学人的写照。

50

档案：知所未知

　　档案，在一个存在秘密且需要保守秘密，而本人或亲属往往需要回避的体制与时间段里，总会引起不少人的联想和好奇。一时间什么被放入档案？什么被拿出档案？什么档案被销毁？这简直是天大的事。于是一些档案的解密，就为人们轻轻地推开了一扇探悉知所未知的大门。

　　为了写小书《知父何年》，尽量寻觅父辈的史迹，我去过一些档案馆，翻阅过不少资料。在查阅清华大学七十年前在西南联大时期的档案时，找到了一些关于父亲的珍贵史料，其中就包括父亲的师长、同事以及父亲等亲笔写的书笺、填写的履历表等。法国哲学家德里达认为："保存意味着给别人、托付给别人。"如果一个人试图将一切保存在自己那里，就意味着保存者的死亡、窒息。真要感谢档案馆这个历史与文化的存储地，感谢人类发明了这样一种"托付"。

　　不过，说来很有意思，国内的档案馆对所存文档并没有明确的解密时间，也不是一个可以方便个人查询的机构。想看的东西往往看不到，让那么多宝贵的资料处于休眠或僵尸状态实在很可惜。

　　然而，让我大吃一惊的是，在一份表格上，直系家属一栏中父亲写下：母郑金裳、妻和女，现住吉安，除直系亲属外，仍有妹妹三人在本校。父亲的恋爱与婚姻史，小时就有所耳闻。但那时不懂，也不感兴趣。不过是听母亲讲过，她自己是在北师大被父亲看上的，在她之前也有几个有意者而已，后来也知道父亲在英国留学时，有一段令他痴迷却无果的痛苦恋情。

　　父亲大约在 20 世纪 30 年代末还有一段鲜为人知的婚姻？看着父亲熟悉的、清晰的笔迹，从父亲的为人做事的性格来看，这显然不像是杜撰。冷不丁看到这个写在白纸黑字上的简历，令没有任何思想准备的我，瞬间有点接受不了，生怕是自己的眼睛出了问题。平静下来后又觉得这应该是真的，这并不是一件值得大惊小怪的事。

　　接下来的问题是：吾辈几十年之后才知晓的这段婚姻，是谁促成的？母亲知道吗？这段婚姻是始于何时？又如何结束的？如今父母与两个姑姑以及当年西南联大的知情人早已经作古，一个原本不是秘密的秘密，随着时间和历史的沉淀、流逝，就变成了秘密。或许就成了无解的谜。

　　从表上父亲的字迹可以确认，奶奶曾在江西吉安的儿媳家住过。然而夫妻别居有年，看来并未有什么感情基础，父亲曾给在江西的女儿取单名，一个"永"字，可惜这段婚姻十分短暂，大约在三十年代末四十年代初，便已经结束了这段婚姻，从此天各一方，前妻及女儿则不知所终。

　　1973 年 10 月父亲去世，他和母亲的婚姻维系了整整 23 年。父亲对母亲关爱有加，多有迁就，除了年长母亲十几岁以及母亲在 8 年中为闵家生了 5 个孩子之外，内心深处那段母亲未必知晓的婚史是不是一个因素？

　　在无意中打开的一份份尘封的档案，让吾辈在几十年后知所未知。当然，人一生中或许会有一个纯粹的私人空间、有某个不愿他人知晓或触碰的领地，有某个不想伤害自己、他人或子女的秘密，从人性上讲无可厚非。于是，人生中发生的有些事，就变成了永远的秘密。有的谜，可能就是永远的谜。它未解、无解，也不需要解。

51

从燕园走过

　　虽然已迈入公元 2018 年 1 月，却刚进入农历丁酉年的腊月。三九天，感觉北京特别的寒冷，我独步燕园，频频地进出北大图书馆为修改和完善关于父亲的小书查找、核实相关资料。燕园，这是我从小在这里玩耍、长大，在这里求学的地方；燕园，这是父辈们在这里传道、授业、解惑，在这里行走，留下生命印迹的地方；我也有幸见结识过许多人们耳熟能详的前辈、大家，他们的音容笑貌、苦乐哀愁，时常在我脑海里浮现；更有众多的师长和莘莘学子，曾相识在教室或在路上与我擦肩而过。

　　2018 年是北大建校 120 周年，北大从城里沙滩的红楼迁入西郊燕园 66 年。究竟有多少人曾在燕园驻足，漫步在未名湖畔、博雅塔下，穿梭于教室、食堂和图书馆之间，数也数不清。而我脚下踏过的那一片片土地，不就是父亲和无数人在燕园行走留下过足迹的土地吗？想到他们那么熟悉、那么亲切，却又渐渐地远去，在燕园消逝。我想，面对滚滚的历史长河，所有的人都是燕园的过客，冬去春来，花开花落。他们的故事、他们的喜怒哀乐，得失、功过；他们个人的琐碎事、家长里短，又有多少能被自己的子女知晓、值得历史留下，写下？又有多少人在意？愿听？然而，这却是历史实实在在的元素。他们的善良、真诚，他们谦和的为人与学风，他们对未知的探索，对学业的执着，不应该被忘却。

2018 年是父亲去世 45 周年，弹指间我这个当年燕园里的青年、一介愚拙书生，走着走着已是青丝成雪，步入夕阳。写关于父亲的小书，钩沉百余年家族的历史、文脉的传承、虔诚敬善和钟爱算法的父亲，这让我思绪万千，感从心来，常常夜不能寐。于是套用"沁园春"的词牌强填小词，并呈北大发小、杨铸教授正之。杨兄雅量，不弃。赐教、指正，不以为烦。我先成半片后，又蒙兄友们鼓励，继而续之。铸兄再正。究竟这首拙词最后算不算及格？杨兄似乎笑而不语。我想感怀的内容优先，用字、平仄不也顾不了那么多了，但愿尚无大谬。谨以这首《沁园春·燕园冬日感怀》，作为那道不尽的历史、人物和小书的结尾吧。

三九迎寒，　　　　细说旧日如昨。

塔影冰封，　　　　昼思故人三更留墨。

燕园独酌。　　　　阅百年激荡，

望白云飞动，　　　因缘家续，

钟廊依矗，　　　　传承文脉，

人邈书馆，　　　　敬善谦和。

嘉惠良多。　　　　算法纸上，[①]

五载文心，　　　　浮生何计？

足音几许，　　　　谤书钟铭列右左。[②]

往事回眸与谁说？　园中望，

残阳照，　　　　　莫道君不在，

看愚拙絮语，　　　花开花落。

唯有烟波。

---

① 父亲一辈子钟爱数学，算法书于纸上，人生却是在纸上算不清楚的。

② 曾国藩致其弟有"左列钟铭右谤书，人间随处有乘除。低头一拜屠羊说，万事浮云过太虚"一诗。世间有人夸赞你，也会有人骂你、诽谤你。留意，无须太在意。愚对曾说深以为是，遂移句入拙词。

52

结语：历史与回声

历史是什么？历史的意义是什么？英国历史学家 E.H. 卡尔在他的书中曾给出过这样一个答案："历史是历史学家与历史事实之间连续不断的、互为作用的过程，就是现在与过去之间永无休止的对话。"

笔者不是历史学家，却在不断地揣摩和领悟着一种互动与对话的感觉与意义。毕竟个人的历史、家族的历史，乃至国家的历史，都是大历史中的小历史，是它的细胞、枝叶或片段；毕竟在和历史以及人物、事件的对话与互动中，既提高了我们"根据现在理解过去的能力，也提高了我们根据过去理解现在的能力"。

在茫茫的宇宙中、在历史的长河中，有限的个体、有限的生命，是那样的卑微、渺小，却怀抱着无尽的理想、进行着无穷的探索，这又是那样的伟大和令人肃然起敬。尽管，这是一场个体永远不可能取得最终胜利的战役。但如果每个人自身奉献的那一点点有限，那一点点光和热，能融入无限的历史中、无穷的智慧中，那就是莫大的幸运，那也许就是永恒。

　　写家父的小书，想得更多的是善恶的天平，人性的进退。宋时欧阳修的《朋党论》与朱熹的《与留丞相书》都表示了：自古君子小人杂居并用，非此胜彼，即彼胜此。君主应当"退小人""用君子之真朋，则天下治矣"。历史经验证明，国家治乱的关键，在于君子和小人进退。一个好的社会是君子占上风。

　　汤因比（1974）晚年与厄本对话时说："相信人性中爱的一面将胜过贪婪和侵略的一面——这也许是一个尚未解决的问题。"

　　历史与现实中人的所作所为，凸现了人性的丰富性与复杂性。乔姆斯基提醒人们，"我们对人性的了解并不多"。哈佛历史学教授吉尔莱波雷则认为："过往并不比现在更为简单，以往的人也并不比现在更为友好、愚笨或者更文雅。同时，不要陷入历史进化论中去，事情并不是总随着时间的过去而变得更好。"

　　想来，犯错误和荒谬，既是人性与个人生命史的一部分，也是群体与社会历史的一部分。只是不同的时代、不同的人、不同的群体与社会，犯错误和荒谬出现的程度与频率不一样而已。

　　在我看来，人们对人生、人性、社会、对真善美的憧憬与期待，总是随着看多了现实社会中的机谋变诈、君子与小人、善与恶的博弈，且随着年龄的增长，生活与制度的磨损、变形、老化，在内心深处不断地"修正"、"减配"着早先理想中的图景与追求。

　　然而，"如果年轻人都宽大容忍，世界就会暗淡无光"。好在期盼并争取一个更好的、更有希望的人生与社会，总能成为激励一代又一代年轻的志士仁人奋进的动力，而使社会被不断地缓缓推进着、进化着，并让我们老朽的内心得以平静。

　　社会、人生是江湖，学术圈也是江湖。面对复杂的社会与人际关系，虽有防人之心，却没有害人之意。这是父亲做人、做事的底线。

　　写完这本非虚构的、纪实性、传记性的小书，对历史、人物与文化的理解似乎又加深了一层。曾祖父、爷爷和父亲这几辈人的历史不过一二百年，已经使我有日久岁深之感，感到现在人们所爱讲的代沟，感到有时候跨越时代，就如同跨越了文化。因为对于有些文化又没有多少文化的吾辈,重构往事那段历史、理解那时的语言文字与表达习惯,有的已经颇显生疏,不识之字,不解之义,不晓之礼,不得不查阅书籍或向长辈与智者请教。

此外,触摸历史一方面让我心中充满忐忑,另一方面也使笔者对历史、文化与人物的诸多敬重之时,也对涉及以往记述的详略、真伪等等有了更深切的体会。其一是纪实不是文学、不是小说,话不可乱说,事不可无据,写起来着实不易。其二是即便一切从事实、史实着眼,尽量考证到原典、原据须得到文献或证据的支撑。然而,自己经历的历史尚且被记述与解释的人言人殊,可见事实与阐释的区别,记忆的筛选、偏颇、错漏时有发生。更不要说,诸多主观性的选择性记忆、选择性遗忘了。那几十年、几百年、几千年前的历史,又当如何? 历史总是被不同的见证者、参与者书写的,围绕父亲身边不足百年的人与事,已经被不同的讲述者,说得似是而非,失实诸多。当吾辈这些亲历、亲见者退出人生的舞台,不知那段历史又能否有自我校正的能力? 这好像让我理解了法国历史学家费弗尔(Lucien Febvre)说的,"没有历史,只有历史学家",只有历史的记录者。但国人有时对历史表现出的怠慢与不敬,时常令人唏嘘。由此想到,历史上的许多往事,恐怕只有由它而去了。何况数字化生存如坠茫茫宇宙,又有多少人在意你那段如烟的历史? 愿意待见你,有工夫送上关注的一瞥呢?

历史、文化与人物的记述又总是素描性的,我们知道的或许只是别人能够、可以或愿意展示与告诉我们的。在一个每个人可能都有秘密的世界上,有某些不想伤害自己或他人而不想告之他人的秘密时,旁人又如何能够更好地接近与还原真实? 所以我一直对各种"还原"说,心存疑窦。因此,对历史和人物在心存敬畏之时不可不当真,又不可太当真。历史、文化与人物的价值更多的是提供今人、后人的思考与借鉴。胡适先生一直鼓励人们写自传,不过在他看来自传类文字只有"肯说老实话,平平实实的老实话",才有可能成为社会史料和社会学、经济和教育的史料。小书未敢言至,心向往之。

对历史与传记类的文字,大多有几种态度,一种是坚持当代不修史，生者不立传；一种是认为应当记在当下，评说在后人。还有一种则坚持"不著、不述"，尽管他们一生看遍人世苍茫。我有时在想，这第三种态度或许已经到达人生面对历史的另一种境界了，或许已经把此生在地球上碰到的这点事，放入了无穷的宇宙，这需要多么洒脱的心胸与隐忍？

写这本小书，还想到了一个问题：个人与社会历史的存在何以证明？这确实是一个比较复杂、比较哲学的问题，也有一个不断进化的证明方式。比如，笛卡尔的"我思故我在"，就是一种证明法，但要证明笛卡尔在思考，笛卡尔确实有其人，如果见不到或无法见到他的亲朋好友，那就只能见识他留下的文字与器物不可。可见，历史上最传统和最经典的证明个人与历史存在的方式是文字和器物。所以中国人追求三不朽，其中之一就是"立言"，留下文字；所以考古学家一般都比较谨慎，不见到地上和地下的遗存，是不敢断然为历史与文物下结论的。

19 世纪摄影术的发明，提供了一个全新的证明方式，眼见为实，有照片为证。这的确是人类文明，在个人与群体历史书写上的一个巨大进步。图片见证个人存在与历史事件上的作用、在人类社会及文化历史传播中的意义，怎么评价都并不为高。尽管某些居心叵测者可以利用现代科技手段为照片 PS 造假。如今数字技术使数码照相、数码照片泛滥的令人有些头痛，然而我们还不得不承认，离开了这些照片，我们仍然几乎无法说清楚或证明自己的今天与过往的"在场"，和那种无可复制的基于特定时空的存在感、那种历史的回声。

从存在的这个角度看，涉及中国百年前、半个多世纪前的黑白老照片，那些个人、家族与社会存在瞬间的影像记录，就是传统的、经典的文字记录的最为重要的补充。而在"文革"中，大批影像资料有意、无意，或主动或被动地销毁，使我们失去了如此众多的不可复制的历史与文化记忆，这是中国近现代社会及个人存在历史记录的无可挽回的损失。

"文革"那段荒诞的历史已经远去，然而，"百年无废纸"，百年的照片等图像资料亦然。对于过往历史的记录，小到个人与家族，大到社会与国家，真是不可太怠慢了。

2018年早春，我去新影制作中心，这是我第三次去，并下决心买一帧我想要的有关父亲的影像。新影是个巨大的影像资料宝库，它是"文革"前和电视新闻出现之前，专门拍摄新闻纪录片、专题片的最权威的机构。据说它还保存着从晚清至现代的诸多珍贵影像资料。当工作人员调来半个世纪前由中央新闻电影制片厂拍摄的1963年"新闻通报"胶片带，这是"文革"前在电影院或大操场上放映电影正片前加放的纪录片短片，相当于现在的"新闻联播"。

我跟着师傅学着用手摇柄一帧帧地在读片机上寻找我所需要的那一帧画面时，我的确感到进入数字化时代，这里几乎成了被人们遗忘的角落，倒带摇片也成了一个人们陌生的工序。不过，对于一个想要寻找、记录与挖掘有关历史、文化与人物信息的人，却真正体会到了什么是有价，什么是无价？

需要提及的是小书后附有"曾住在成府的部分中外学者名单（20世纪20—60年代）"，这是写书的副产品。尽管会挂一漏万，这已是笔者心力所及的了。名单上的人绝大多数已过世，据燕京大学校友会的人对我讲，如今在册的校友中年龄最小的已经八十有五。我想，如若他们的子孙偶然看到这本小书，知晓自己的父辈、祖上还在这个曾经辉煌过且已经消失的成府上留下过一段人生，或许也会引来些关注的目光、生出些对成府的在意、带来一点点遥想，甚至翻拣出有趣的掌故和一段段新的史迹。

附录 I 闵嗣鹤年表

1913

2 月 18 日出生在北京。

1925

考入北师大附中。

1929

考入北师大理预科。

1931

升入北师大数学系。

1933—1934

大学在读期间先后在《师大月刊》《数学季刊》上发表《根式与代数数及代数函数》《函数方程式之解法和应用》等四篇论文，翻译发表《行列式之推广》一文。

1935

在北师大数学系毕业。

9 月 –1937 年在师大附中留校任教。

1936—1937

在师大附中任教。

撰写的论文《相合式解数之渐近公式及应用此理以讨论奇异级数》（1939 年获纪念高君韦女士有奖征文第一名）。

《高中解析几何教科书》（下册）（闵嗣鹤　郎好常　编译　傅种孙　程廷熙参校），由师大附中、算学刻丛社印行。

1937

6 月　经傅种孙推荐，被杨武之先生将其从中学聘为清华大学算学系助教。

7 月　爆发"卢沟桥事变"。

8 月　安葬祖父、祖母与父亲后随清华南渡。

1937.9–1938.1

在长沙临时大学任助教，是当时清华算学系 9 名教师之一。

1938

2 月　随清华部分师生经广州、香港辗转到昆明西南联大。

1939–1942

先后为陈省身、华罗庚做助教。

1941–1942

参加华罗庚主持的解析数论讨论班。

1942 年 7 月　由助教改聘教员。

1941—1944

在西南联大授课并与华罗庚合作发表了 4 篇论文。

1944

2 月　参加第八届庚款留英考试。

3 月 4 日　杨武之先生推荐算学系教员闵嗣鹤君申请休假。

7 月　杨武之致函联大理学院院长吴有训，推荐闵嗣鹤为讲师。

12 月 1 日　梅贻琦校长手示，闵嗣鹤先生自三十三年（民国）八月一日起薪改为国币二百一十元。

1945

5月9日　出国留学前致信梅贻琦校长"准予依旧休假"事宜。

5月10日　梅校长在信上多处批语。

8月　与王鸿祯等乘船赴英国留学。

在《科学记录》第1期上发表论文一篇。

1947

4月　与华罗庚合作的一篇论文发表。

7月　赵访熊推荐，尚在英美之钟开来、王宪钟和闵嗣鹤三位为清华大学数学系副教授。

8月　在牛津大学获得博士学位。

10月5日　复信梅贻琦校长去美国普林斯顿高等研究院及回国事宜。

1947年8月—1948年7月　在美国普林斯顿高等研究院做研究员。

1948

3月　段学复致信梅贻琦校长，关于聘闵嗣鹤到清华任教等事宜。

8—9月　回国经上海、南京、天津后抵达北京清华园，入住清华西院11号。

曾应"中央研究院"之邀，参加中国数学学会在南京举行的年会，报告国外研究成果，三篇论文摘要在《科学》杂志1948年第12期发表。

1948-1949在清华首次指导研究生迟宗陶并完成研究生论文。

本年度被聘为副教授。

1949

5月　博士论文的主要部分在 *Transactions of the American mathematical Society*，Vol. 65，No. 3 pp. 448-472. 发表。

1950

3月　华罗庚率全家回国。闵嗣鹤同华顺等到北京永定门火车站迎接。

6月　中国科学院数学所筹备处成立，主任苏步青，副主任周培源、江泽涵、华罗庚、许宝騄，委员：姜立夫、陈建功、段学复、闵嗣鹤、钱伟长、张宗燧和常迥七人。

入选"中国科学院专门委员",数学组为:江泽涵、周培源、姜立夫、段学复、陈建功、许宝騄、华罗庚、闵嗣鹤、钱伟长、苏步青、王湘浩。

9 月　被聘为清华大学教授。

同年与朱敬一女士结婚。

1951

7 月　长子乐泉在清华出生。

被选聘为中国科学院专门委员会（数学组）委员。

《中国数学杂志》创刊,傅种孙请毛泽东主席题写刊名,华罗庚、傅种孙任总编辑,江泽涵、段学复、姜立夫、苏步青、陈建功、闵嗣鹤和赵仿熊等 12 人为编辑。

1952

7—8 月间,全国院校调整,9 月后随清华大学数学系周培源、段学复、庄圻泰、程民德等教授来到北京大学,并搬入成府书铺胡同二号。

"三反五反"运动开始,并受到牵连。

12 月　次子惠泉在海淀成府书铺胡同出生。

1953

5 月 21 日　在数学分析教研组做第一次全系性试教。

《中国数学杂志》更名《数学通报》,郭沫若题写刊名。总编辑傅种孙,编辑 12 人,华罗庚、闵嗣鹤等为常务编辑。

在《科学通报》上发表文章介绍华罗庚的《堆垒素数论》。

9 月　参加在北师大举办的数学学术讨论会,并在会议上作复变函数论报告。

1954

3 月　长女爱泉出生。

11 月　在欢迎德意志民主共和国洪堡大学第一数学研究所所长格雷尔博士教授的大会上做《数论在中国的发展》报告。

在北大数力系开设"解析数论专门化",参加的学生有潘承洞、尹文霖、邵品琮和侯天相。

1955

在《数学学报》和《数学通报》上发表两篇论文。

中国科学院学部成立,任数学研究所学术委员会委员。

7—8 月　在北大"肃反运动"中受到牵连。

1956

发表多篇关于黎曼函数方面的论文。

7 月　北京大学学报(自然科学版)1956 年 3 期上登载闵嗣鹤和他指导的学生的 5 篇论文。

7 月　次女苏泉出生。

8 月　和程民德、董怀允合译的《复变函数引论》由人民出版社出版。

12 月　入选北大自然科学委员会委员(共 37 人)。

1957

潘承洞、尹文霖和邵品琮考取研究生。

与严士健合著的《初等数论》由人民教育出版社出版。

1958

接替被打成右派的傅种孙先生,担任全国高考命题数学组组长。

7 月　《数论的方法》(上册)由科学出版社出版。

9 月　小女老五(曹泓)出生。

在《北京大学学报》(自然科学版)第 4 期与尹文霖合作发表论文一篇。

1959

与柯召合作撰写《十年来的中国数学》。

在《北京大学学报》(自然科学)第 3 期上发表论文一篇。

1960

中国数学会数学通报编委会编辑的《实数、极限、近似计算》出版,收录中外学者 8 篇文章,闵嗣鹤在中学数学讲习会上的演讲"不等式"列入其中。

1961

夏　参加颐和园龙王庙会议，与柯召一起负责主持讨论数学理论学科研究工作的恢复问题。

1962

1月18日　恩师傅种孙病逝，《数学通报》连续四期刊载了傅种孙先生遗作。

1962—1964　多次参与北京市中学数学竞赛试题出题，并两次在《数学通报》上发表文章。

数学小丛书之一《格点和面积》由中国青年出版社出版。

5月6日　参加在北京中山公园音乐堂举行的"北京高中学生数学竞赛授奖大会"，并在会上作了《从1962年数学竞赛试题谈起》的学术报告。

在《人民教育》（1962年7期）《光明日报》（1962年8月4日）发表文章《数学的基本训练与灵活运用》一文。

7月　在《北京大学学报》（自然科学）第2期，与尹文霖发表论文一篇。

9月4日　在政协礼堂参加首都著名科学家为祝贺熊庆来先生70大寿举行的"熊庆来先生教学科研四十年庆祝会"。

1963

同王元、夏道行一起应邀参加山东大学校庆期间的系列学术活动。

10月　郑桐荪先生去世。

在《北京大学学报》（自然科学）第1期，发表论文一篇。

《北京市中学1962年数学竞赛试题汇集》出版，江泽涵作序，华罗庚写了"写在数学竞赛之前"和"喜见幼苗茁壮"，闵嗣鹤撰写了"数学竞赛第二试试题解答"。

1964

3月11日　致信人民教育出版社负责同志：《格点和面积》"发现几处需要改动请排印时注意"。

4月　搬入北大中关园20号。

江泽函、钱宝琮、闵嗣鹤，三人审订《十万为什么1》（数学分册）。

9月　出席上海数学学会举办的函数论学术会议，并和华罗庚、熊庆来、庄圻泰等在大会上作综合性学术报告。闵嗣鹤宣读论文《谈一谈 Tauber 型的问题》。

1965

"文革"前与陈景润，就数论问题进行频繁交流。

1966

5月　陈景润《表大偶数为一个素数及不超过二个素数的乘积之和》的论文在《科学通报》当年第9期作为首篇发表，陈题记感谢闵嗣鹤对本文的指导。

"文革"开始，受到批判和冲击，被抄家和隔离审查。

1967　在"文革"期间接受批判审查，写交代材料。

1968

8月　长子乐泉去内蒙古呼伦贝尔盟突泉县农村插队。

1969

8月　先后下放新华印刷厂、北京地质仪器厂。

8月　次子惠泉赴内蒙古生产建设兵团。

1970　6月　长女爱泉被分配到北大仪器厂当铣工。

1971　下放河北徐水646厂，与该厂协作举办地震勘探数字技术讲座等。

6月　老母郑锦棠去世。

1972

赵慈庚引见速算青年史丰收，闵嗣鹤在北大和丁石孙等人总结《史丰收心算法》。

7月　美籍数学家王宪钟访华并在北大临湖轩合影。

8月20日　给惠泉回信举例介绍史丰收心算法。

9月　美籍数学家陈省身首次访华并在北大燕南园合影留念。

12月　通过646厂将长子乐泉调入钻井大队。

1973

1 月　审订《地震勘探数字技术》书稿。

1-2 月　审订陈景润关于哥德巴赫猜想的论文。

5 月　《中国科学》第 2 期发表了陈景润关于哥德巴赫猜想（1+2）的完整证明。

6-7 月　两次与潘承洞通信交流推进哥德巴赫猜想研究问题。

8 月间，曾为"地震数字处理技术"培训班讲课。

10 月 9 日　晚入北大校医院。

10 月 10 日　清晨因心脏病突发去世。

附录II　主要参考文献

奉新县志　嘉庆四年（1525）编纂

奉新县志舆地志风俗　康熙元年版（1662年）

永修县志　余明义等，方志出版社2004年

清代进士题名录　江庆柏编著，中华书局2007年

明清进士题名碑刻索引（下）　朱保炯等编，上海古籍出版社
1980年

清代朱卷集成　第四十一卷　顾廷龙主编，台湾成文出版社
1992年

江西通史·晚清卷　钟起煌主编，江西人民出版社2008年

奉新县教育志　（奉新县教育志）编纂小组，1984年

大名县志·卷一（卷十三）　台湾成文出版社1934年

清代官员履历档案全编（第8卷）　秦国经主编，华东师范大学出
版社1979年

中国书院史　邓洪波，武汉大学出版社2012年

明清书院研究　白新浪，故宫出版社2012年

奉新古代书院　奉新县志编委会、奉新县教育局，1985年

戊戌变法档案史料·综合（下）　国家档案局明清档案馆编，中华书局 1958 年

戊戌变法史事考初集　茅海建，三联书店 2012 年

资政院议场会议速记录　李启成校订，上海三联书店 2012 年

清实录　第 59 册　德宗景皇帝实录 8 卷　中华书局影印本 1987 年

杨昀谷先生遗诗　陈三立（卷七·三），民国铅印本 1935 年

果庭文录　卷六，熊公哲，台湾商务印书馆 1992 年

奉新张忠武公哀挽录　天津博爱印刷局印制　1924 年

张勋秽史　徐树铮正传轶事　狐竹里奴编，台湾文海出版社 1987 年

书史　姑溪题跋　米芾，中华书局 1985 年

总理全集　下　第三卷　胡汉民，上海民智书局发行，1912 年

梅贻琦自述　梅贻琦、文明国，安徽文艺出版社 2013 年

吴宓自编年谱　吴宓，吴学昭整理，三联书店 1995 年

吴宓日记　吴宓（1961—1964），三联书店 1996 年

吴宓日记续编　吴宓（1961—1962），三联书店 2006 年

国立西南联合大学校史　西南联合大学北京校友会编，北京大学出版社 2006 年

学府纪闻　国立西南联合大学，台湾南京出版有限公司 1981 年

战争与革命中的西南联大　易社强，九州出版社 2012 年

王鸿祯诗联文序选集　杨荣光编，地质出版社 2006 年

中国地方志集成·乡镇志专辑·成府村记 29 卷　帙名纂，稿本

成府人口调查　房福海，燕京大学社会学系，1928 年

庚款留学百年　程新国，东方出版中心 2005 年

中国留学通史·晚清卷　刘集林 等（作者），李喜所（编者），广东教育出版社 2010 年

留学教育：中国留学教育史料第 1 册　刘真主编，台湾书店印行 1980 年

民国外债档案史料（12）　财政科学研究所、中国第二历史档案馆

编，档案出版社 1990 年

识庐：清华园最后的近代住宅与名人故居　姚雅欣、黄兵著，中国建筑工业出版社 2009 年

熙春园·清华园考　苗日新，清华大学出版社 2010 年

清华园风物志　黄延复撰，清华大学出版社 1988 年

京华古迹寻踪　北京燕山出版社编，北京燕山出版社 1996 年

清末立宪运动文选译　方学尧，巴蜀书社 1997 年

清末筹备立宪档案史料（下）　故宫博物院明清档案部编，中华书局 1979 年

重读近代史　朱维铮，中西书局 2010 年

郑桐荪先生纪念册　吴江柳亚子纪念馆 编，江苏教育出版社 1989

柳亚子自述续编　柳亚子著，人民日报出版社 2012 年

宣南清代京师士人聚居区研究　岳升阳等著，北京燕山出版社 2012 年

新测北京内外城全图：民国时期老地图　地图出版社 2006 年

北平市全图：民国时期老地图 民国三十年　地图出版社 2007 年

北京殡葬史话　周吉平著，北京燕山出版社 2002 年

北京会馆档案史料　北京市档案馆 编，北京出版社 1997 年

历史是什么？ E.H. 卡尔，商务印书馆 2007 年

熊希龄传　周秋生，华文出版社 2014 年

梁启超传　吴其昌，江苏人民出版社 2014 年

杨武之先生纪念文集　清华大学应用数学系编，清华大学出版社 1998 年

陈省身文集　陈省身著，华东师范大学出版社 2002 年

华罗庚　王元 著，开明出版社 1994 年

华罗庚诗文选　中国民主同盟中央委员会宣传部编，中国文史出版社 1986 年

父亲熊庆来　熊秉衡、熊秉群著，云南教育出版社 2015 年

陈景润传　王丽丽，新华出版社 1998 年

铸梦：追忆舅舅陈景润　宋力，厦门大学出版社 2013 年

杨振宁传　杨建邺，三联书店 2012 年

杨振宁传（附录）　徐胜蓝、孟东明编著，复旦大学出版社 1997 年

杨振宁文集　传记·演讲·随笔　杨振宁，华东师范大学出版社 2000 年

徐利治访谈录　徐利治、袁向东、郭金海，湖南教育出版社 2010 年

王元论哥德巴赫猜想　李文林编，山东教育出版社 1999 年

柯召文集　柯召著，四川大学出版社 2000 年

从华林到华罗庚：华林问题的历史　佩捷、郭梦舒，哈尔滨工业大学出版社 2013 年

数学与对称　丘成桐主编，高等教育出版社 2014 年

中国数学简史　中外数学简史编写组，山东教育出版社 1986 年

燕园絮语　张世龙，华龄出版社 2005 年

燕京大学人物志（第一辑）　燕京研究院，北京大学出版社 2001 年

燕京大学史稿　燕京大学校友校史编写委员会编，人民中国出版社 1999 年

在华五十年：司徒雷登回忆录　司徒雷登，北京出版社 1982 年

怀人集　胡适，北京大学出版社 2013 年

邓之诚文史札记（下册）　邓之诚著，邓瑞整理，江苏凤凰出版社有限公司 2012 年

中国现代数学家传　程民德主编，江苏教育出版社 1998 年

20 世纪中国知名科学家学术成就概览　数学卷 1-2 分册　王元主编，科学出版社 2011 年

中国数学会 60 年　杨乐、李忠主编，湖南教育出版社 1996 年

史丰收数字传奇　雷风行，光明日报出版社 2011 年

谁得到了爱因斯坦的办公室——普林斯顿高等研究院的大师们　埃德·里吉斯 著，张大川 译，上海科技出版社 2012 年

清华大学名师风采（理科卷）　周文业等主编，山东画报出版社

2012 年

清华大学史料选编（三下、五下）　清华大学校史研究室编，清华大学出版社 2005 年

当代北京公共交通史话　刘牧，当代中国出版社 2008 年

石油物探局志　中国石油集团地球物理勘探局志编纂委员会，石油工业出版社 2002 年

北京大学纪事（1898—1997）　王学珍等编著，北京大学出版社 2008 年

鲤鱼洲纪事　陈平原主编，北京大学出版社 2012 年

北大岁月：1946—1949 的记忆　北京大学校友会编，2013 年

五十年前读北大　王则柯，中信出版社 2011 年

北京师范大学数学系史　李仲来，北京师范大学出版社 2002 年

北京师范大学 数学科学学院师生影集（1915—1949）　马京然编，北京师范大学出版社 2012 年

海淀老街巷胡同寻踪　徐征等，学苑出版社 2010 年

后知后觉　任彦申，江苏人民出版社 2010 年

新建县文史资料（第 2 辑）：先祖昀谷事略　张信江主编，南昌北郊印刷厂 1990 年 1 月印刷

奉新文史资料（第 2 辑）：张勋史料　奉新县文史资料研究委员会 1986 年

格点和面积　闵嗣鹤，中国青年出版社 1962 年

往事回忆与再思　闻国椿，北京燕山出版社 2010 年

有话可说——丁石孙访谈录　湖南教育出版社 2013 年

王国维家事　王东明，安徽人民出版社 2013 年

牛棚杂忆　季羡林，中共中央党校出版社 2005 年

问学谏往录——萧公权治学漫忆　萧公权，黄山书社 2008 年

上学记　何兆武口述，文靖撰写，三联书店 2016 年增订版

谭其骧日记　葛剑雄编，广东人民出版社 2013 年

朱益藩与溥仪交往要事简记　王庆祥，海洋出版社 1993 年

中国书法五千年 崔文华，中华书局 2013 年

应用统计实例选 江泽培等主编，南开大学出版社 1997 年

计算地球物理学概论 马在田等编著，同济大学出版社 1997 年

家谱图（第三版） 莫妮卡麦戈德里克等，当代中国出版社 2018 年

中国科技史料（1982 年第 3 辑） 闵嗣鹤教授生平事略 赵慈庚撰写，中国科学技术出版社

北京文史资料（1995 年第 51 辑） 记著名数学家闵嗣鹤教授 陈芳撰写，北京出版社 1995 年

杨武之先生年谱 清华大学学报（哲学社会科学版）1998 年，第 13 卷，第 1 期

民国时期的大名道（1912–1949） 桂士辉

回忆文集 北京大学数学力学系 59 级同学入学五十周年返校纪念（1959–2009）

哥德巴赫猜想 徐迟，人民文学 1978 年第 1 期

国风报 1910 年第一卷第 28 期

北洋官报 1911 年第 2682 期

华商联合会报 1910 年第 13 期

春柳（戏台联语：江西会馆） 1919 年第 6 期

环球中国学生周刊 1928.11.13

中国科学社的学术评议与奖励 张剑，见《文汇报》2015 年 6 月 12 日

扶轮 1926 年第八期

燕大月刊 1929 年第 5 期

燕大友声 1937 年第 3 卷第 5 期

清华校友通讯 1934 年第 1 卷第 5–6 期

社会调查的尝试 陈达，《清华学报（自然科学版）》1924 年第一卷第二期

天津政协 1988 年第 4 期（吴大任：中英庚款公费留学记往）

人民画报 1964 年第 7 期、1966 年第 10 期、1970 年第 10 期

总理纪念奖　陈果夫等，教与学 1937 年第 9 期

数学文化　2014 年第 5 卷第 1 期

赵慈庚教授诞辰 100 周年文集　数学通报 2010 年增刊

数学与文化（给年轻数学家的忠告）　2013 年第 4 卷第 2 期

渊沉而静流深而远——纪念中国解析数论先驱闵嗣鹤先生　张英伯、刘建亚，数学文化，2013 年第 4 卷第 4 期，2014 年第 5 卷第 1 期

半个世纪前的数学竞赛（上下）　张英伯，数学与人文 2010 年 5 月

杨昀谷先生遗诗研究　樊茜（东北交通大学 2013 年硕士研究生论文）

旅美南开校友会首任会长孟治简介　宋怀时编写

在我记忆中的熊秉三先生　朱经农，东方杂志第 44 卷第 1 号

马克思数学手稿：宝贵的历史文献　孙小礼，北京大学学报（哲学社会科学版）2003 年第 2 期

坂内英一：为数学而数学［学者笔谈］　上海交通大学新闻网 2012 年 5 月 11 日

燕京大学教职工名录 1933—1937　共 4 册

忆念吾师闵嗣鹤教授　邵品琮，北京大学校友通讯 2017 年第 1 期

闻立雕：难忘父亲深夜刻印的背影和刻刀声　西南联大北京校友会简讯 2007 年 10 月第 42 期

中国第一历史档案馆 有关奏折档案编号 03-6036-062，03-5739-050

北京宣南士人文化空间的形成与戊戌维新　刘桂生、岳升阳，北京文史 2002 年第 1 期

燕京大学档案 YJ50018、YJ1920001、YJ1940010、YJ48028、YJ48029

关于书铺胡同二号房地产产权问题燕大与美国友谊服务委员会联系之函件

从未名湖到鲤鱼洲——1969 年 3 月至 1972 年 5 月在北大支左的回忆与感念　卢鸿盛，2016.12

附录III　致谢名单

（部分访谈、提供资料照片及咨询帮助者）

以姓氏拼音为序：

阿　东	车　晴	曹　泓	程　平	程卫平	迟树檀	崔文华
范祯祥	桂士辉	郭红兵	黄志勤	靳鸿中	姜伯驹	刘芃芃
李　忠	李　钢	李钊祥	李　莹	闵嗣华	马志学	邵品琮
沈　逾	王楚云	吴淑玲	温景昆	许同春	谢　宁	谢立中
熊　琬	熊　伟	萧能意	萧能敏	萧能懿	杨振宁	杨　选
杨　铸	殷　华	钟　翔	赵籍丰	赵丽华	周文业	朱　力
张南岳	张英伯	张京威	张文定	张宝生		

附录Ⅳ 曾住在成府的部分中外学者名单
（20 世纪 20—60 年代）

金　勋（1883-1976） 北平图书馆，舆图组官员（书铺胡同 3 号）

全绍文（1886—1962） 燕京大学，校长助理（书铺胡同 2 号）

全希贤（？） 燕京大学庶务处主任 （书铺胡同 3 号）

邓之诚（1887—1960） 历史学家 （槐树街及蒋家胡同 2 号）

张尔田（孟劬）（1874-1945） 历史学家、词人（蒋家胡同 3 号）

王桐龄（1878—1953） 历史学家（蒋家胡同 4 号）

于振周（1892—？） 农学系教授（槐树街）

顾颉刚（1893-1980） 历史学家、民俗学家（蒋家胡同 3 号）

郭绍虞（1893—1984） 语言学家、文学家

汤用彤（1893—1964） 哲学家（槐树街）

张东荪（1886—1973） 哲学家（红葫芦胡同 2 号）

郑桐荪（1887-1963） 数学家（书铺胡同 2 号）

蓝公武（1887—1957） 教育家、报人（红葫芦胡同）

陆志韦（1894-1970） 燕大校长，心理学家（槐树街 4 号）

冯友兰（1895—1990） 哲学家（槐树街 10 号）

萧公权（1897—1981） 政治学家（书铺胡同 3 号）

顾　随（1897—1960） 文史学家

李祖荫（1897—1963） 民法学家（喜羊胡同 13 号）

李书春（？） 历史学家（槐树街 3 号）

林卓园　地质化学家 （蒋家胡同 9 号）

袁贤能（1898—1983） 经济学家

郑振铎（1989—1958） 作家、文艺评论家（吉祥胡同）

谢玉铭（1893-1986） 物理学家（槐树街 10 号）

刘盼遂（1896—1966） 古典文献学家（书铺胡同 3 号）

卢开运（1898—？） 生物学家（槐树街 10 号）

毕树棠（1900—1983） 作家、翻译家（红葫芦胡同）

刘　节（1901—1977） 历史学家（大成坊 12 号）

章廷谦（1901—1981） 作家

闻　宥（1901—1985） 语言文化学家（书铺胡同 2 号）

王西微（1901—1988） 业余昆曲家、教授（枣树院）

聂崇岐（1903~1962） 历史学家

万绳武　理学院教授（前罗锅胡同 10 号）

冯家升（1904—1970） 历史学家（后罗锅胡同 3 号）

陈士骅（1905—1973） 水利工程学家

陈鸿舜（1905—1986） 图书馆学家（沟沿甲 12 号）

郑　骞（1906-1991） 古典诗词曲研究家（蒋家胡同 4 号）

翁独健（1906—1986） 历史学家

张作干（1907—1969） 生物学、解剖学家（薛家胡同 13 号）

赵九章（1907-1968） 物理学家（槐树街）

瞿同祖（1910—2008） 历史学家（槐树街）

杜连耀（1910—2004） 声学家、教育家（枣树院）

闵嗣鹤（1913—1973） 数学家（书铺胡同 2 号）

王钟翰（1913—2007） 历史学家（蒋家胡同 3 号）

卢鹤绂（1914~1997） 物理学家

王 瑶（1914—1989） 文学家（1968年8月曾被迁至蒋家胡同8号）

冯新德（1915-2005） 化学家

陆卓明（1924—1994） 经济地理学家（槐树街4号）

白化文（1930— ） 文史学者（书铺胡同甲2号）

兰英年（1933— ） 翻译家

金秉钧（？） 文史学家（闻家小铺2号）

刘秉麟（？） 经济学家（牛子小铺4号）

曾绣香（？） 幼儿教育家（槐树街10号）

贝卢思［英］（Lucy Burtt 1893—1968） 书铺胡同2号

施美士［美］（E.K.Smith） 英语教授 书铺胡同2号

赖朴吾［英］（Ralph Lapwood 1909—1984） 数学家

司马笑［美］（Dohn A Bottorff） 成府北河沿10号

林迈可［英］（Mical Lindsay）（1909—1994） 无线电技术专家

后　记

　　树叶绿了，又黄了，黄了又绿了。工作与闲暇之余，不断地收集查阅资料，小书断断续续写作、修改了越五年，从职场写到退休，放在书包里的书稿，甚至和我云游了万水千山。多少次拿起、放下，多少次思绪潮涌、夜不能寐，魂不守舍地牵挂。又有时几乎坚持不下去，纠结着生命与时间在书稿上悄悄地流逝究竟是为了什么？究竟有没有意义？

　　这本小书从2012年2月在朝阳区通惠河畔传媒大学的定福庄提笔，在学校写，在境外游学时写，在六道口写，从一两页提纲纸终于变成了一本小书。几年来数十次地易稿，也缘于数字化文本有了无限修改的便利与可能。没想到最后修改、成稿于水木清华。这不是回到了父亲生命中的一个重要驿站吗？坐在可以俯瞰校园一角、可以远望西山晴雪、云霞飞鸟的大楼里感觉时光的穿越。

　　我要感谢同事、资深出版人李钊祥先生，他成了小书初稿最早的读者与"特约编辑"；我要感谢老友著名文化学者崔文华兄，他曾拒绝杂事打断仔细通读了书稿，批改之处有几十处之多，甚至不放过标点符号；我要感谢数学家程民德院士之子，程卫平兄。他以带病之身拨冗阅稿并勘误多处感人至深，未出一个月卫平兄病逝，或许这是他生前用最后一点气力看过的文字；我要感谢妻子吴敏、小儿际元和亲友的支持与鼓励。兄妹、亲友提供的诸多回忆与资料为我使用以及相当认真地阅稿更是令我颇受感动。当然这并不意味着，我可以推卸书中仍然存在的诸多不足甚至问题的责任。

我要感谢"百度""读秀""晚清、民国期刊全文数据库"及"近代报纸数据库"，没有这些数字化的网络平台，很难想象谁还能在搜索资料中提供如此助力？还要感谢参考文献中提及的所有书刊与作者，特别是以下档案馆、图书馆等单位：

中国第一历史档案馆

北京市档案馆

清华大学档案馆

北京大学档案馆

中国科学院档案馆

中国国家图书馆

北京大学图书馆

清华大学图书馆

上海图书馆

新影制作中心

中国传媒大学图书馆

北京宣南文化博物馆

台湾政治大学图书馆

台湾"中研院"近代历史研究所郭廷以图书馆

最后，我要感谢江西人民出版社、感谢徐明德主任，是他们包容与热情地接纳了小书，并为此付出了辛勤的劳动。我为本书能在江西人民出版社出版而感到荣幸。

我要感谢所有愿意翻阅这本小书的读者，但愿能给您一点启发与联想，并希望得到你们的批评指正。

鲁迅先生曾说："孩子长大，倘无才能，可寻点小事情过活。"吾辈平庸，既无雄心大志亦无做过任何大事。一辈子做点小事，写点小文、小书，须臾间不就消逝在茫茫天地间了吗？

闵惠泉

2018 年 1 月 16 日于清华东路完稿

2018 年 12 月改定 minhuiquan@cuc.edu.cn